スコアじゃなく、
コースに挑もうじゃないか

スゴい！ゴルフコース品定め。

CHOICE
選書

もくじ

CHAPTER V

Prologue

コースに隠された作者の設計意図

誰が、いつごろ作ったものかは確かではないが、私の好きなゴルフの格言に、「飛距離自慢の幼稚園」「スコアにこだわる小学生」「周りが見えて中学生」「マナーにうるさい高校生」「歴史をひもとく大学生」「友、群れ集う卒業生」というのがあって、自分自身に当てはめてみたり、機会があるとゴルフの話として紹介したりすることが多い。〝小学生〟のころは目の前のボールだけが気になって、あまり周りを眺める余裕がなかったが、練習時間が十分に取れなくなり、うまくなろうという意欲も衰えはじめると、もともと興味のあったゴルフコースにがぜん引きつけられた。ちょうどこのころが、「周りが見えて中学生」の時期だったのかなあ、と思う。

プレーヤーとしての視点でしか捉えられなかったゴルフコースが、やたらとおもしろい対象物に変化したのもこのころで、内外を問わず名コース、名設計家の作品をできる限りプレーするチャンスを見つけては挑戦した。挑戦といってもよいスコアで回ってやろうという挑戦ではなく、各ホールに隠されているはずの、何かおもしろい要素を見つけ出してやろうという目的のほうが強かったように思う。幸い、まだ飛距離も技術も程々に残っていたから、作者の設計意図も探りやすかったし、ゴルフコースというものが、こんなにおもしろいものだとは思ってもみなかった。同じバンカーでも、グリーンを遠くに見せる置き方と、実際よりも近くにあるように錯覚させる大きさ、置き方。ドナルド・ロス（スコットランド）のグリーン周りのスロープの造り方。アリスター・マッケンジー（イングランド）のバンカーが、オーストラリアとアメリカでは、周囲の風情に合わせてまったく別人の作品のように造られていることなど、書き出したらキリがない。もちろん、国内のコースもしかり。当時の日本人としては巨漢で、ロングヒッターだった赤星六郎が設計した相模CC（神奈川）と我孫子GC（千葉）が、もっぱらショートアイアンの正確性を追求した作風であること。そして、同レベルのプレーヤーだった兄・四郎との作品の決定的な違い、井上誠一、上田治のそれぞれの青年期と壮年期の造り方の変遷も、手に取るように見えてきたことも事実である。否、それは実は私の、少々見えてきたことからくるまったくの思い込みだったのかもしれないが、そんなことも含めておもしろい。

　興味のある話題がぎっしりと詰まったのがゴルフコースであり、設計という得体の知れない学問ということがわかっただけでも再発見だったといえる。

　スコアへの挑戦から、そろそろコースへの挑戦という新しい楽しみを味わっていただく際の一助になればたいへん幸いに思う。

川田太三

装幀スタジオパトリ

本書は、『Choice』（小社刊）14〜46号までの連載「日本のベストコースを選ぼう」、「いいコースとは何かを考える」、『ゴルフクラシック』（日本文化出版刊）連載「いいゴルフ場の条件」より抜粋、加筆、書き下しを加え、再編集の上、書籍化したものです。

CHAPTER

1

名門コースは
なぜスゴいのか

『パインバレー』が世界No.1コースといわれるワケ

誰もが認める「ベストコース」

1970年代の後半から、アメリカの2大ゴルフ雑誌が、アメリカの『ベスト100コース』と銘打った企画をはじめた。ゴルフ界の有識者を集めてパネルを作り、2年ごとにこのリストを公開した。初めの数回は、〝最も難しいコース〟のリストアップだったが、レイアウト、戦略性、デザインバランス、各ホールのメモラビリティ（記憶度）、美しさ、メンテナンス、伝統などの要素を加味して、〝ベストコース〟のランキングに変わっていったのは、それほど後のことではない。40年以上前からの企画で、隔年の発表で私の記憶が間違っていなければ、〝最も難しいコース〟のときも含め、一、二度の例外を除いて、ずっとパインバレーが首位にランキングされていたはずだ。

どうしてそんなに高い評価が続くのか、どの部分が優れているから〝ベストコース〟として評価されるのか……。

私が初めてパインバレーを訪れたのは、岡本綾子がもうちょっとのところで『全米女子オープン』の優勝を逃した2日後のこと。世界一とはどんなコースなのか、興味津々でニューヨークから2時間、クルマを走らせたことを覚えている。道案内もないまま、いつの間にか敷地内に入り、池の端沿いのフェアウェイを横切って、裏側からクラブハウス前に到着。他の名門倶楽部のように、威圧するような進入路でもなければ、荘厳なクラブハウスというわけでもない。ギシギシと音のする2階ロッカールームへの階段は、歴史と伝統を感じさせるものではあったが……。

勝手に〝記憶される〟感覚

コースはおよそ40万坪ほどのうっそうと茂った松林に、おのおの独立した18ホールが埋め込まれ、フェアウェイとグリーン以外はすべて砂地のウェイストエリアと思っていいだろう。今は、日曜の午後だけ女性のプレーが許されるようになったが、基本的にはメンズクラブ。ティーショットは、200ヤードをまっすぐ飛ばさないとフェアウェイには届かず、大たたきは免れない。バンカーの数は無数で、途中で数えられなくなったが、実際はどこまでが荒れ地か、はっきりしない。

そのときは2ラウンドプレーしたのだが、驚いたのは昼食時、すべてのホールをはっきり覚えていたことだ。パー3、パー5、上りに下り、ドッグレッグにおよばず、バンカーの配置がすべて異なり、ティーショットのねらいが全部違う。夢中になってプレーしていたから、ミスショットして大たたきしたホールもあれば、うまくいったホールもあったが、「せっかくのチャンスだから、全ホールを頭の中に刻みつけておこう」と思っていたわけでもない。不思議な感覚であった。

おそらくここがポイントなのだろうと、そのとき思った。どんな名コースをプレーして感銘を受けても、年月が経つと決まって何ホールかは記憶が薄れて、前後のホールとうまくつながらなかったり、どっち側にどんなバンカーがあったか定かでなくなったりすることが多々あるのだが、パインバレーに限っては、何十年たってもそんなことがない。各ホールの戦略性、デザインバランス、ほかにはない独自性があって初めて、誰もが忘れられないコースとして記憶され、どうしてもベストに評価せざるをえなくなるに違いない。

そのときにもらってきた75年史の巻末に、クラブで起こったいろいろな逸話が記されていた。アウトを38で回った後、10番のパー3で38をたたいたチャンピオン、13番の右の林の中で迷子になり隣村から帰ってきたゲスト、バーディ、イーグル、ホールインワン、バーディと続いた後、ハウスのバーに戻ってそのまま飲みつぶれてしまったスクラッチプレーヤーなどなど。それらの出来事を見たこともないはずの若いメンバーが、得意げに話をする伝統も、魅力の一つに違いない。

うっそうとした松林に囲まれ、地面がむき出しになったウェイストエリアが広がる『パインバレー』。上空から見ると、松林とウェイストエリアのコントラストが際立つ。

Pine Valley Golf Club
パインバレーゴルフクラブ

米・ニュージャージー州
1913 年設立
A・W・ティリングハスト、ハリー・コルト、C・H・アリソン、G・アーサー・クランプ、トム・ファジオ設計
18Holes　7181Yards　Par70

米・ゴルフダイジェストでは『全米ベスト100コース』2019～2020で1位、ゴルフマガジンでは、世界のトップ100コースとして1985年から2019年まで1位の座を守っている。

1921 年当時の２番ホール。グリーンを外すと、スゴい、ウェイストエリアが広がる。

唯一無二の価値『セントアンドリュース・オールドコース』

圧倒された1番ティーからの光景

私が初めてセントアンドリュースを訪れたのは1980年代の後半だ。現地到着が遅かったため、暗すぎてその日のうちにはオールドコースを見ていなかった。それでも何度となく全英オープンの中継や、雑誌や書籍でコースの写真を目にしてきたコース、それほど気にしてはいなかった。

翌朝、早く目が覚め、何の気なしにホテルを出て、コースから呼ばれたように1番ティー付近まで歩いたところで、足が止まってしまった。眼前に広がったコースの全景——といってもほんの一部なのだが——の広さと、それまでに見たこともないような、荘厳なたたずまいに、思わず声が出そうになった。

見慣れたスタンドもなければ、人もいない。四方を古いレンガの町並みが囲み、それこそ、サッカーのグラウンドを5面程度、横に並べたような、真っ平らな広場が1

番と18番のフェアウェイで、しかも、バンカーもなければ仕切りもない。早朝の朝日が、わずかな凹凸の影を描いていて、何よりも美しい。正直、私はこんな光景を見たことがなかったし、おそらく、ゴルフコースの分類から外れている光景だからこそ、何年たっても決して忘れることのない感動として残っているのだろう。世界中のどこへ行っても見ることのない、唯一無二のものであることが〝聖地〟といわれるゆえんであるに違いない。

ゴルフの総本山、R&Aの存在

もう一つ、セントアンドリュースのオールドコースが〝聖地〟と呼ばれる要素がある。

1番ティーの後方にポツンと、しかもこれ以上いかめしい雰囲気にはなかなかお目にかかれないほどの石造りの3階建ての建物が、R&A（ロイヤル・アンド・エンシェント・ゴルフクラブ・オブ・セントアンドリュース）のクラブハウス。1754年にクラブが設立されてから、何度かの増築や改築を経て今の姿になった。10年以上前に250周年の記念行事が行われたが、われわれ日本人ゴルファーにとっては、あまりピンとこない年月だ。

そんな〝歴史〟そのもののクラブハウスと、見たこともないような1番、18番のフェアウェイに度肝を抜かれてしまったあとは、どうしても、プレーが守りに入ってしまうのは仕方のないことかもしれない。

コース全体はほぼ平坦で、7番までクラブハウスからどんどん離れ、12番からはアウトのホールを逆行するように帰ってくる。単独のグリーンは1、9、17、18番の4ホールだけ。あとはアウトとインのグリーンを共用しているから、中には奥行きが100ヤードのものもある。平坦とはいえ、落下地点の見えないホール、しかも横にしか出せないポットバンカーが隠れているレイアウトが平気で出てくる。有名な17番の『ロードホール』は、ティーショットがホテル越え、グリーンの後ろは舗装道路。ゴルフコースの設計コンセプトにはまったくなじまないものだが、これが堂々とまかり通っており、『セントアンドリュース・オールドコース』の名物として、世界中に発信されている。

圧倒的な歴史のうえに、ほかでは見られない独自性が〝オンリーワン〟としての存在感を揺るぎないものにし、通常のセオリーを上回って、論議することも許さない。セントアンドリュース・オールドコースは、そういう意味ではまったくの例外扱いだが、ゴルフコースというものは、少なくともどこかに独自性が求められる。どこにでもあるものだけでは、並のレベルは抜け出せない。何が独自性なのか、どこに可能性があるのかを探すことも〝いいコース〟を追求するポイントかもしれない。

まさにサッカーコート何面分？と思わせる平坦な光景。フェアウェイの真んなかを横切るグラニー・クラークス・ワインドと呼ばれる道をクルマや自転車が通っていくことも日常だ。

1番のグリーン後方、R＆A（ロイヤル・アンド・エンシェント・ゴルフクラブ・オブ・セントアンドリュース）の威厳あるクラブハウスが、スタートするゴルファーを見送る。

St.Andrews Old Course
セント・アンドリュース
オールドコース

セント・アンドリュース・オールドコース
スコットランド・セントアンドリュース
1754年クラブ設立
設計者不明
18Holes 7305Yards Par72

日米価値観の差による『オーガスタ』への思い込み

現地で一変、『オーガスタ』の印象

おそらく、世界でいちばんゴルファーに知られているコースは、オーガスタナショナルゴルフクラブ（ジョージア州）に違いない。世界のゴルファーが注目するメジャートーナメントのなかで、開催場所が固定されているのは、マスターズ（オーガスタナショナルGC）だけ。しかも、シーズン最初のメジャー開催コースだけに関心は高い。マスターズのテレビ放映が始まってもう50年以上、毎年のように多少の改造はあるものの、ほぼ同じような映像が繰り返し放映される。当初、中継はインの9ホールだけだったが、この20年ほどは1番ホールからの完全中継。そのため、各ホールのイメージが自然と頭に焼き付くのだろう、一度もコースに行ったことがないのにやけに詳しい人もいる。特に、勝敗を左右することが多い『アーメンコーナー』の11、12、13番は、自分のホームコースのように説明するほどだ。

そんな彼らが、念願かなって初めてのマスターズ観戦に行くと、異口同音に「あんなにアップダウンがあるとは思わなかった……」という。テレビだけでは、10番ホールが31メートルもの打ち下ろしであることや、右ドッグレッグの最終ホールが、最低地点からグリーンまで27メートルの打ち上げであることは、わからないのだ。

コースの立体感を重視する欧米

オーガスタの誕生は、1930年、ボビー・ジョーンズが28歳の若さでグランドスラムを達成して競技生活を引退したあと、故郷のジョージア州に理想のコースを造るべく、土地探しをはじめたのがきっかけ。当初、州都アトランタの郊外に造ると思われていたが、そこから240キロほど離れたオーガスタの果樹園跡を見つけ、「ゴルフコースが造られるのを待っていたような理想の用地だ」といって、この地に決定したという話が伝えられている。

敷地内では、現在のクラブハウスの位置が最高地点。そこから、10番は31メートルの打ち下ろしだ。その10番グリーンと同じ高さのティーイングエリアから、再び20数メートル打ち下ろしていくのが11番。その11番グリーンの高さは、あの有名な12番（パー3）と同じ高さで、ここが敷地内での最低地点。よってボビー・ジョーンズは、実に約60メートルもの高低差のある土地をコースとして選んだのだ。

さて日本では、昭和30〜40年前後にかけ、「各ホールがセパレートされ、7000ヤードを超える、フラットなチャンピオンシップコース」というゴルフ会員権募集のフレーズを、よく見たことを覚えている。ちょうどカナダカップ（現ワールドカップ）で日本が優勝してゴルフブームに火がつき、ゴルフ場の建設ラッシュだったころのことである。そのころにできたコースは、関東地区では武蔵CC、狭山GC（共に埼玉）、大利根CC、筑波CC、大洗GC（共に茨城）、千葉CC、紫CC（共に千葉）、相模原GC（神奈川）、日光CC（栃木）など。設立50年を越え、名門と呼ばれるレベルに育っている。またこれらは、戦前からの名門コースと並んで日本の雑誌のベストコースランキングの上位を占めている。

だが一方で、欧米のゴルフ誌が発表している世界のベスト100コースには、廣野GC、鳴尾GC（共に兵庫）、川奈ホテルGC（静岡）の3コースが安定してランクインする。廣野はともかく、川奈と鳴尾は、どう見てもセパレートされたフラットなコースとはいいがたく、実際、かなりのアップダウンが見られる。欧米のパネリストにプレー後の感想を聞くと、皆一様に「上り、下りのバランス、それに3Dの立体的なバランスが、戦略性の高いデザインと相まってすばらしい」と褒めちぎる。フラットなコースを評価する日本と、立体感を重要視する欧米との、ゴルフコースに対する価値観の差が、このあたりにあるのかもしれない。

31メートルもの打ち下ろしとなっている10番ホール（写真上）。その10番グリーンと同じ高さのティーイングエリアから、再び20数メートル打ち下ろす11番（写真下）。11番グリーンは、12番ティーとほぼ同じ高さで、敷地内での最低地点。60メートル近くもの高低差がある土地にオーガスタがレイアウトされていることは、テレビではわからない。

Augusta National Golf Club
オーガスタナショナル
ゴルフクラブ

米・ジョージア州
1933年設立
アリスター・マッケンジー、ボビー・ジョーンズ設計
18Holes 7475Yards Par72

『オーガスタ』に見る巧妙なコース設計

510ヤード〝しかない〟が手ごわい13番パー5

オーガスタナショナルの13番ホールは、長い間465ヤードのパー5として生き残っていた。10番ホールが485ヤードでパー4なのに……と不思議に思っていた人も多かったはずで、確か1990年代までこのヤーデージが共存していた。その後、13番ホールは485ヤードになり、さらに全長が7400ヤードまで延長された現在は、ティーイングエリアの裏の土手を削って新しいティーを造ったが、それでも510ヤードしかない。最近のメジャートーナメントでは520ヤード前後のパー4がやたらと流行っているというのに……。

ゴルフのルールブックには、コース設定のアドバイスとして「471ヤード以上がパー5」と、長い間書かれていたが、92年の改定からその記述はなくなっている。

10番ホールはティーからグリーンまで、31メートルの打ち下ろしで、左ドッグレッグのコーナーをドローボールで攻めれば、その当時でも残り150ヤード付近までは届いたから、地形的な条件でパー4という理由は理解できる。

13番は左ドッグレッグ、左サイドの森とフェアウェイの間をクリークが流れ、そのクリークがグリーン左手前から右奥へ、グリーン前を横切っている。グリーンは左奥から右手前に向かって下りの傾斜が強く、しかも2段グリーンだから、カップがどんな位置に切ってあっても手前に止めることは難しい。左ドッグレッグのフェアウェイは競輪場のバンクのように傾斜が強いから、うまくフックボールを打てれば、相当な距離を稼がせてくれるのだが、左サイドの危険を考えるとリスクが高すぎる。セカンドショットはすべてつま先上がりだからフックボールが出やすい。ただし、このグリーンはフックボールで攻めてもボールは止まりにくく、奥のバンカーからは下り斜面で相当寄せづらい。グリーン上に止まった場合でも、ほとんどが下りのパットになり、積極的なパットは期待できない。マスターズレベルの選手は、間違いなくこのホールではツーオンをねらう。難しいホールの続くインに入って、距離の短いパー5のバーディはのどから手が出るほど欲しい。だが、ただでさえ力の入りやすいトーナメントの終盤で、危険と紙一重のフェアウェイにドローボールを正確に打ち、続いてつま先上がりのライから、横切るクリークを越えてフェードボールを打つことほど難しいことはないから、選手が皆この13番をキーホールに挙げるのである。美しいホールだからではなく、フェアウェイからグリーンに向かって逆パターンのショットを要求するから、選手にとっては手ごわいホールとして映るのである。

傾斜を最大限利用した設計で試される選手の力量

オーガスタナショナルには、このような逆パターンのショットを必要とするホールが多々ある。テレビで見る以上にアップダウンのあるコースは、その傾斜を最大限に利用して選手をテストする。左下がりのライから高い球を打たせて、横長のグリーンへのアプローチ。受け勾配の強いグリーンへのロングショット。風の吹き抜けるグリーンへショートアイアンなどなど……。オーガスタナショナルは、昔からドローボールヒッターに有利だといわれてきた。だが、それが突然最終ホールはフェードボールが必要で、しかもフェアウェイの最低点からは27メートルの打ち上げ。すなわち、各ホールで違うショットが打てなくてはスコアにならない。

残念ながら日本には、こういうコースが少ない。フェアウェイの傾斜とグリーンの形状という観点で各ホールを観察してみると、コース設計のおもしろさが見えるかもしれない。

レイアップしての３打目勝負と開き直れば、クリーク近くの右サイド（14番フェアウェイに隣接）をねらう。左足下がりのライで短いアプローチでグリーンの傾斜に当てて止めることも。ただし、クリークを恐れて距離を残すと大変なことに。

13Th 510Yards Par5
Augusta National Golf Club

『オーガスタ』バンカーの存在感

44個しかない「見える」バンカー

毎年マスターズの季節になると、テレビで、新聞で、雑誌でオーガスタナショナルのコースの景観がこれでもかというほど紹介される。2020年は延期となってしまったが、本来は春のベストシーズンで、当たり年ならば、ドッグウッド（ハナミズキ）、マグノリア、ピーチ、アザレアなどの花が咲き乱れ、美しさはほかと比べようもない。ただ、本当の美しさは、フェアウェイの緑とバンカーの白、そして何ともいえない各ホールのバランスのよさではないか……。

オーガスタナショナルにバンカーは44個しかない。写真や画面で見る限り、倍の数でもよさそうに思えるのは、グリーンを囲むバンカーの大きさ、見栄えなど、それぞれの存在感がしっかりと表現されているからに違いない。オーガスタナショナルは1933年にオープンして以来、ほぼ毎年のようにコースのどこかを改造している。バンカーの数も、大きさも、位置も、そして、砂の均し方もその限りではない。30年ごろのゴルフコースは、現代のゴルフコースの仕上げのレベルとは比べものにならないほど低いレベルで、どちらかというと野原の延長といっても言い過ぎではない。バンカーの砂の部分をガードする芝の種類も密度も、何種類かを掛け合わせて品種改良で造られたものではないから、ずっと粗く、バンカーの縁はおのずと、ギザギザ感が強かった。オーガスタナショナルは早くから機動的な管理に力を入れていたため、バンカーも乗用のレーキを運転してならしていたようだ。だから、バンカーの縁がギザギザ仕様から、柔らかい曲線の楕円形のバンカーに自然と形を変えていった。共同設計者のボビー・ジョーンズもアリスター・マッケンジーも、バンカーはプレーヤーから見えるものというコンセプトが強かったらしく、隠れているバンカーはひとつもない。必要によっては、砂面の内側に凝固剤を混ぜてでも、白い壁をせり上げて、プレーヤーに見せる努力をする。また、ボールが必要以上に目玉の状態にならないように、砂の中に潜り込まないようにという親切な工夫で壁面の砂をほどほどに固めてあるから、めったに目玉の状態でボールが埋まってしまうこともない。

突如として現れる〝最後〟の仕掛け

また、44個あるバンカーの配分がおもしろい。アウトの24個に対してインは20個、グリーン周りに限定すると、アウト15に対してインは17。ここまではうなずける数字だが、フェアウェイバンカーはアウトの9つに対してインは3つしかない。しかも、10番のフェアウェイバンカーは昔、このホールがもっと短かったときにグリーンをガードしていたものが、フェアウェイ中央に残されたままのものだから、よほどのことがない限り入ることはない。12番と16番のパー3は別として、あとは11番からずっとフェアウェイバンカーはなく、18番に来て初めて気になるバンカーが現れる。右ドッグレッグ465ヤードのパー4で、最低点からグリーンまでが27メートルの上りというテレビの画面からは想像できないようなタフなホール。しかも右側は林で、その曲がり角の左コーナーに2つのバンカーが縦に並んでいる。425ヤードだった91年、イアン・ウーズナムがバンカーを越えて、その昔練習場だった広場から9番アイアンでグリーンに乗せて優勝したのだが、すぐさまバックティーが465ヤードに延びた。実は9番ホールからずっとフェアウェイにバンカーはない。オーガスタナショナルGCはフックボールが有利といわれるゆえんか。ただ、最もプレッシャーのかかる最終ホールで突然、上りの斜面へフェードボールを要求する戦略性は果たしてジョーンズの考えか、マッケンジーの考えか。

44個の少ないバンカーも、見栄えだけに気を取られず、こんな見方をするとおもしろい。

バック9で唯一気になるフェアウェイバンカー（〇囲み）が並ぶフィニッシングホール。ニクラスの登場でもともと1つだったバンカーが2段になった。

ボビー・ジョーンズは避寒地として冬も暖かい場所を候補地として選んだ。寒い季節にゴルフができない東部や中西部から、より選った会員を募集するジョーンズの作戦が見える。フロリダ各地で行われていた、メジャーリーグの春キャンプが終わって全米各地へ帰り、翌週からはじまる野球シーズンにそなえるスポーツ記者たちの帰路に合わせ、3月最終週に第1回オーガスタインビテーションの開催を決めたマーケティングも大成功。ゴルフだけでなく経営手腕もジョーンズにはあった（写真前列左）。

18Th 465Yards Par4
Augusta National Golf Club

真のおもしろさを学ぶクラシックデザイン『NGLA』

知られざる名コース、ナショナル・ゴルフ・リンクス・オブ・アメリカ（NGLA）

ニューヨーク近郊は名門コースの宝庫で、ウィングドフット、シネコックヒルズ、ベスページ・ブラック、バルタスロールなど、全米オープンがほぼ定期的に回ってくるほどの名コースが、マンハッタンの街を囲んでいる。ただ、国外ではあまり知られていないものの、コース設計のデザインを語るうえで、おそらくいちばん注目されるのは、シネコックヒルズに隣接するナショナル・ゴルフ・リンクス・オブ・アメリカに違いない。設計は、1895年第1回全米アマチュアチャンピオンのチャールズ・ブレア・マクドナルド。スコットランドからの移民で1907年から2年をかけてコースを完成させたが、相当気合を入れてデザインにあたったそうで、故郷のロイヤルドーノックやノースベリックから名ホールといわれる設計コンセプトをふんだんに取り入れ、見事に再現している。海外であまり知られていないのは、大きなトーナメントの開催に倶楽部の会員が興味を持たなかったらしく、１９２２年に第1回のウォーカーカップ（男子アマチュア英米対抗）を開催したのみ。２０１３年に再びウォーカーカップを開催したことで、改めてクラシックデザインのすばらしさが再認識されることになった。

ゴルファーを惑わす遠近術と錯覚

どうしても紹介したいのが、C・B・マクドナルドの遠近術と錯覚の表現方法で、私はわかっていながら、むざむざとだまされた覚えがある。１９８６年の全米オープンが、以降同大会の常連となった隣接のシネコックヒルズで90年ぶりに開催された際、テレビ解説で滞在中にプレーのチャンスが訪れた。当時はまだ私も、そこそこにプレーできていたころで、自信を持って挑戦したのだが、３番ホールのティーショットでまずだまされた。打ち下ろし、右サイドをガードする長いバンカーが遠くに見えたので、無理をせずに中央へ打ったらフェアウェイを突き抜けて山に登ってしまった。次の4番はパー3。左奥のピンへまっすぐに打ったティーショットは大きく土手で跳ねて左手前の深いバンカーへ。グリーンから振り返って見てみたら、ピンの位置はどこであれ、攻略ルートは当然のようにグリーン右手前からのラインだとわかる。ティーからはまったく見えなかった。後でわかったことだが、このホールはレダンホールとして有名なスコットランドのノースベリックの15番ホールを模倣したもので、左右の錯覚に完全にだまされた。16番ではグリーン前のバンカーのサイズに惑わされたのだろう。いいショットだったが、グリーンはだいぶ先で完全にショートした。実際、バンカーという奴は曲者で、大きさ、高さ、長さなど造り方によっては、グリーンへの距離や方向が相当違って見える。それも、設計者がそれを意識して造っている場合はより早く見破らなくてはいけない。加えて、横の傾斜、打ち下ろし、打ち上げなどが加味される。

最近では日本でもフェアウェイのスプリンクラーヘッドなどに、グリーン中央まで、場合によっては手前のエッジまでの正確なヤーデージが書き込まれているし、グリーン上のピンの位置も表になってキャディが持っているから、以前のように遠くの木の枝にかかっている巣箱を斜めに見ながら、次のクラブを何で打とうかと考えて、迷って……というゴルフの本来のおもしろい部分が目減りしてしまったことは、設計者の一人として残念でならない。だから……と思っているのだが、最近の、特にアメリカで評判の新コースは、派手な飾り物、例えば池、ウェイストエリアなど、やり過ぎの傾向が強い。ボールの位置やピンの位置が公表されてしまうからだろうか。

1	VALLEY	330	4	10	SHINNECOOK	450	4
2	SAHARA	330	4	11	PLATEAU	432	4
3	ALPS	426	4	12	SEBONAC	459	4
4	REDAN	195	3	13	EDEN	174	3
5	HOG'SBACK	478	4	14	CAPE	393	4
6	SHORT	141	3	15	NARROWS	417	4
7	ST.ANDREWS	500	5	16	PUNCHBOWL	415	4
8	BOTTLE	400	4	17	PECONIC	375	4
9	LONG	540	5	18	HOME	502	5

理想のコースを実現した18ホール。世界中で造られているテンプレートホールだ。

ペコニック湾を望むリンクス・スタイルのシーサイドコース。アメリカゴルフの父とも呼ばれるチャールズ・ブレア・マクドナルド（1855-1939）の設計。理想の18ホールを実現したコース。世界の名ホールのエッセンスを取り入れた完全プライベートの超一流のコースだ。（Photo／AFLO）

National Golf Links of America (N.G.L.A)
ナショナルゴルフリンクスオブアメリカ

米・ニューヨーク州
1908年設立
C・B・マクドナルド設計
18Holes 6957Yards Par72

セントアンドリュースに留学し、設計家の道へ進んだマクドナルドは1895年の全米アマ初代チャンピオンでもある。

名門コース、設計セオリーを凌駕する独創性

不可解なコースレイアウト

ハワイのあるコースのレイアウトが、私はどうしても理解できない。何年か前に亡くなったのだが、有名な設計家で、日本も含めて名の通ったコースをいくつも設計している。そのコースの1番ホールは真東を向いているから、朝のスタートは太陽がまぶしくて仕方がない。おまけに、ふだんは左からの向かい風が強く、アベレージゴルファーのティーショットは、かなりの確率で右へOB。これはほとんど全組のことで、したがってスタート時間は相当遅れる。

一方、18番ホールはグリーン周りにヤシの木があり、グリーン前を全面ガードしている池に向かって人工の滝を流した素敵なデザインなのに、よりによって、午後になると太陽がグリーンの真後ろに位置するため、セカンドを打つ際は西日がまぶしくて何も見えない。設計者にとってはレイアウトを決めるうえで、最も初歩的なことなの

に、どうしてこんなルーティング（経路選定）にしたのだろうと、毎回、プレーするたびに思う。どうしてもわからない。

不自然さを超越した「連続」ホール

あのジャック・ニクラスと青木功が対決した80年の全米オープンの会場、バルタスロールはパー70で、しかも2ホールしかないパー5が17番と18番に続く。設計学上からいえば明らかにおかしな組み合わせだが、この2ホールはまったく違う特徴を持ち、地形を見事に表現しているから、一度現場を見てしまうと疑問は消えてしまう。実際、ニクラス、青木とも両ホール、バーディで譲らず、全米オープン史上、後世まで語り継がれるほどの名勝負の舞台になったのだから、逆にこの2ホールが、バルタスロールが名コースとして君臨している大きな理由になっているといってもおかしくない。

また、全長6500ヤードでも堂々、世界ランキングのベスト3から落ちたことがない、サイプレスポイントには15、16番とパー3が続く。オーソドックスな配置とはいえないが、この並びがサイプレスポイントのコースとしての評価を下げているなんて話は聞いたこともない。16番は写真や絵画であまりにも有名な230ヤードの海越え。美しい景観とほかには見られない独創性で、世界のパー3の中では、ペブルビーチの7番、オーガスタの12番、ロイヤルトルーンのポステージスタンプ8番などと並んで、間違いなく五指に入る。一方、15番は140ヤードの短いホールだが、岩場のグリーンとバンカーのコントラストは見事で、短いパー3としては秀逸といわれている。

日本でも相模CC（神奈川）の17番と18番にパー5が続くが、両ホールとも距離、方向、戦略性など類似性がまったく見られない。それに、17番のフェアウェイのうねり、18番のティーショットを誘う大きな深いバンカー等、それぞれの特色が、パー5が連続しているという不自然さをまったく感じさせないばかりか、相模の18ホール完結を大いに盛り上げているといえる。

ゴルフコースは、その気になれば、グリーンも造り直すことができるし、バンカーやマウンドの位置を動かして、そのホールをそれまでとは違ったホールに改造することは可能だが、全体のレイアウトを大幅に変えることは、ほぼ不可能といっていい。私は以前、1番と18番を入れ替えるという大工事を仰せつかったことがあったが、これも36ホールを持つ岐阜関CC（岐阜）だからこそできたことで、通常では考えづらい。翻って、ゴルフコースは、最初の段階での各ホールの配置がいちばん大事で、レイアウトを決めるうえで設計者の責任の重さは測り知れない。なぜならば、配置や造形の一つ一つが、そのコースの将来の運営や存続にまで、大きな影響を及ぼすからである。

海越えの15番、16番を上空から見たところ。グリーンは岩場と海で囲まれている。海に突き出た美しいシグネチャーホールの16番 231ヤード パー3はあまりにも有名で、パー3が続くことに何の違和感も生じていない。

Cypress Point Club
サイプレスポイントクラブ

米・カリフォルニア州
1928 年設立
アリスター・マッケンジー設計
18Holes 6554Yards Par72

名門コース、ストロング・パー4での完結

最終ホールのパー5に対する疑問

もう20年ほど前のことだが、アメリカの書店で『アメリカのベスト18ホール』という本を見つけた。ハードカバーの立派な本で、興味があったので、さっそく購入した。ベン・ホーガンがプレーしたアメリカのコースのなかで、ホールごとにNo.1を選ぶという趣旨の内容で、それこそ1番ホールはメリオン（ペンシルベニア州）のパー4、2番はオハイオ州コロンバスのサイオトの440ヤード、3番はオリンピック（カリフォルニア州）の打ち下ろしの長いパー3と続く。本になっているだけあって、選ばれているのは名門コースだけだったが、12番ホールがあのオーガスタナショナル（ジョージア州）の有名なパー3だったのは納得。そして予想どおり、18番はティーからグリーンまで左サイドに太平洋岸が続く、ペブルビーチ（カリフォルニア州）のパー5。やはり、あれだけの知名度だと選ばないわけにはいかなかったのだろう。

確かに、おのおのすばらしいホールが並んでいた。写真を見ればすぐに「どこの何番」といえるホールがしっかり選ばれていて、私自身もプレーしたホールがいくつも入っていたし、かねがね行ってみたいと思っていたホールもあり、それこそ納得できる選考に思えた。ただ、アメリカを代表する最終ホールがパー5なのだろうか、という疑問が残った。

興味を引いたのはホーガンの最後のコメントで、「アメリカのベストホールを選んだが、これは決してベストコースではない。あくまでも、個々のホールの選考で、18ホールの流れは考えていない」との注意書きがあったことだ。

ゴルフコースというものは、1番ホールからどんな形でスタートし、途中、どのようなつながりで盛り上がりを迎え、そして、結末に導くかというストーリーを、作者が与えられた地形に合わせて表現したもので、トータルバランスの良し悪しがコース自身の優劣を決める。

だから、「難しければよいというわけでもないし、また、各ホールが独自性を持っていればよい、というだけのものでもない」と結ばれていた。もちろん、納得できる論旨であることは間違いないが、なぜ、こんなに言い訳をしなければいけないのだろうと思ったことも事実である。なぜならば……。

充実感につながるストロング・パー4

私は、最終ホールはストロング・パー4がよいという持論がある。自分のスコアに対して、また、争っている相手に対しても、追いかけるときも、逃げたいときも、最後は腹を決めて、自信を持ってプレーができてこそ、充実感につながるのではないかと思うからである。名門といわれるコースでも、テレビで見るトーナメントコースでも、アメリカの有名コースの18番ホールは決まって距離ぎりぎりの長いパー4で終わっているからで、オーガスタ、シネコックヒルズ（ニューヨーク州）、リビエラ（カリフォルニア州）、オークモント（ペンシルベニア州）、戦後にできた新しいコースでも、TPCソーグラス、ドラール（共にフロリダ州）、ミュアフィールド・ビレッジ（オハイオ州）など、ほとんどが当てはまる。今回選ばれたペブルビーチは、それこそ青木功、ジャック・ニクラス対決のバルタスロール（ニュージャージー州）と並んで例外中の例外といってもいい。それが、今回の選考に少々違和感を覚えた部分である。

イギリスに目を移すと、その傾向がもっとはっきりわかる。イングランド、スコットランドにまたがる全英オープンロタ（全英オープン開催のローテーション）と呼ばれる9コースは、ギャラリー整理の都合上、ホール順を変えているロイヤルリバプール（イングランド）がパー5である以外は、すべてストロング・パー4で完結する。ゴルフコースの原点がイギリスだとすれば、それもひとつの考えかもしれない。

全英オープン開催コースのひとつ、カーヌスティ。ストロング・パー4の18番（499ヤード・パー4）の最終ホールは、左サイドがOBゾーン、またバリー・バーンと呼ばれるクリークがティーの右側からグリーンの手前に流れ、プレッシャーに。「ヴァン・デ・ヴェルデの悲劇」として知られる1999年全英オープンの最終日、3打差をつけて最終18番ホールを迎えたヴァン・デ・ヴェルデが6オン1パットのトリプルボギーとして優勝を逃したことはあまりにも有名。

名門に見られるストロング・パー4の最終ホール

米	Yards	英	Yards
オーガスタナショナル（ジョージア州）	465	ロイヤルトルーン（スコットランド）	458
オークモント（ペンシルベニア州）	484	ロイヤルセントジョージズ（イングランド）	460
リビエラ（カリフォルニア州）	475	ロイヤルリザム&セントアンズ（イングランド）	413
ウィングドフット（ニューヨーク州）	469	ターンベリー（スコットランド）	461
ベイヒル（フロリダ州）	458	カーヌスティ（スコットランド）	499
メリオン（ペンシルベニア州）	521	ロイヤルバークデール（イングランド）	473
パインバレー（ニュージャージー州）	483	ミュアフィールド（スコットランド）	473

Carnoustie Golf Links
カーヌスティ・ゴルフリンクス

スコットランド・カーヌスティ
1850年設立
アラン・ロバートソン、オールド・トム・モリス、ジェームズ・ブレイド設計
18Holes 7245Yards（全英OP時7402）Par71

名門コース、魅力を高める独自性・世界から見た日本

〝世界〟が選ぶ日本の名コースとは

米国ゴルフダイジェスト誌によるベスト100コースのなかで当初、日本から選ばれていたのは、霞ヶ関CC東コース（埼玉／以下、霞ヶ関・東）と廣野GC（兵庫／以下、廣野）の2コースだけで、カナダカップ開催の霞ヶ関・東と、アーノルド・パーマー、ゲーリー・プレーヤー、ジャック・ニクラスのビッグ3がテレビマッチで激闘した廣野の選考は当然だと思われていた。サム・スニードやゲーリー・プレーヤーが苦戦した10番パー3は霞ヶ関・東のシグネチャーホールとして独自の存在だったし、5番、14番のパー5もバンカーに囲まれた小さな砲台グリーンは他に類を見ない美しさと難しさを持ち合わせていた。廣野はチャールズ・H・アリソンの名作で、各ホールがそれぞれメモラビリティに富んだ姿を次々に展開して異論を差し挟む余地はない。

米国雑誌のパネリストたちが世界ベスト100コース完全制覇の一環として来日し、

ほかのコースにも目を配りはじめたのが1980年頃からで、ここで突然霞ヶ関・東が姿を消し、替わりに鳴尾GC（兵庫／以下、鳴尾）と川奈ホテルGC富士コース（静岡／以下、川奈）がリストに登場した。フラットなコースが日本の名コースの尺度といわれた価値観が大きく変わった瞬間で、替わりに世界ベスト100に入ったのはともに、どちらかというと山岳コースに分類されるほど、アップダウンの激しいコースで、しかもともに高麗グリーンというところも驚かされた。独自のホールはというと、両コースとも、それこそふんだんにある。上り、下り、ドッグレッグ、谷越えなどなど、同じようなホールは一つもないと言っても過言ではない。川奈はテレビ放映に合わせて実際のホール順をワンホールずらしているのには要注意だが、特にインの15、16、17番の独自性は圧巻といえる。もちろん、太平洋を眼下に望む断崖絶壁上の絶好のロケーションも大きい。

鳴尾は、鳴尾浜から猪名川に移って新コースをオープンしたのが1930年（昭和5年）で、すべてを人力で造成したから自然はそのまま残り、打ち下ろしで谷越えの3番、10番、打ち上げパー3の4番、15番など独自のホールがたびたび顔を出す。極めつけは、同一ティーを逆方向に使う1番と14番で、日本ではほとんどお目にかかれない。パブリックの川奈とは違い、廣野も鳴尾も一般のゴルファーになじみは薄いが、チャンスがあればぜひ挑戦してほしい。霞ヶ関・東の脱落は、フラットな地形で同じような松林、それにツーグリーンが、川奈、鳴尾のダイナミックさに後れを取ったためか。東京オリンピックの開催コースとして米国設計者によるワングリーンへの改造を断行したが、果たしてメモラビリティの確保はできたのか、評価が待たれる。

"コースの顔"と記憶に残るコース

ところで、コースを評価するうえでのメモラビリティと、シグネチャーホールとは少々ポイントが異なる。シグネチャーホールというのは、そのコースの代表的なホールのことで、写真1枚でそれがどこのコースかが一目瞭然にわかる程、内外に知られているものだ。ペブルビーチの7番パー3はあまりにも有名である。ラウンド後にそのコースのシグネチャーホールを皆で探してみるのもおもしろい。各人の見る目の違い、感じ方の違いがゴルフコースの持つ深さを見つけてくれるかもしれない。

一方、メモラビリティは、そのコース全体に渡る。同じ作風の中で、各ホールのバンカーの配置、形状、傾斜、グリーン等、お互いに独自性を持ち、戦略性も異なり、プレーヤーを飽きさせないバラエティが盛り込まれているから、ラウンド後の記憶度が高い。もちろん、松林に囲まれたフラットな地形よりは起伏に富んだ環境のほうが恵まれているといえる。国内では、どこのコースがシグネチャーホールとメモラビリティの2つの要素を兼ね備えているだろうか。

世界から見た日本の名コースはどの位置?

ランク	ゴルフ場名	場所	設立	設計・改造
50 → 13	廣野ゴルフ倶楽部	兵庫	1932	C・H・アリソン 改造マーティン・イーバート（2019）
75 → 26	川奈ホテル富士コース	静岡	1936	C・H・アリソン
外→ 63	東京ゴルフ倶楽部	埼玉	1939	大谷光明　改造ギル・ハンス（2018）
84 → 71	鳴尾ゴルフ倶楽部	兵庫	1920	クレーン3兄弟（猪名川C開場1930）、 C・H・アリソン（1931年改修）

ランキングは2020米・ゴルフダイジェストの『WORLD'S 100 GREATEST GOLF COURSES』より。世界のゴルフ場（米ゴルフ場以外でのランキング）のなか、特に原点回帰のコンセプトでマーティン・イーバートが改修した廣野がジャンプアップ。改修で「ヒロノは日本のパインバレー」との声も。

1	廣野ゴルフ倶楽部
2	川奈ホテル富士コース
3	東京ゴルフ倶楽部
4	鳴尾ゴルフ倶楽部
5	太平洋クラブ御殿場コース
6	大洗ゴルフ倶楽部
7	霞ヶ関カンツリー倶楽部・西
8	北海道クラシックゴルフ倶楽部
9	霞ヶ関カンツリー倶楽部・東
10	横浜カントリー倶楽部・西

2020米・ゴルフダイジェストが選んだ日本のベストコース。世界からはこう見えている？

Hirono Golf Club
廣野ゴルフ倶楽部

兵庫　1932年設立
C・H・アリソン設計
マーティン・イーバート改造（2019年）
18Holes 7169Yards Par72

COURSE TALKING ①

いいコースとは何か？を考える

理想はどんなレベルのゴルファーにも挑戦しがいのあるコース！

1947年、アラバマ州生。70年ジョージア州ケネソウ・カレッジを卒業しロッキード社で製図工を務める。22歳の時ふとしたきっかけでゴルフにとりつかれ、わずか6カ月後にプロへ。始めて4年でツアープロになった変わり種。全米プロ2勝を含めツアー10勝。大の親日家で、コース設計家としても日米で活躍。

ラリー・ネルソン
Larry Nelson

川田　この『Choice』というゴルフ雑誌は、レッスンのハウツー企画をやらない代わりに、ゴルフコースのあり方やコースデザインに大変興味のあるユニークな編集ポリシーでね。

ラリー・ネルソン　私同様、コース設計をはじめたミスター・カワタにぴったりの雑誌じゃないか。

川田　だから、「いいコースとは何か？」というテーマでコース設計家や各種ジャンルのスペシャリストに、コースの読み方、設計のウンチクを披露してもらってきた。自分がコース設計をやるようになって、彼らゲストの意見がだいぶ勉強になっている。

ネルソン　私の話が『Choice』読者によろこばれる内容になればいいけれどね。

川田　その点は心配していない。キミはもうすっかり設計家だし、ツアープロとしてコースをラウンドしているのか、設計家として別な目で見て歩いているのか、自分でも判断に苦しむだろう？

ネルソン　実はそうなんだ。私だって毎日5アンダーでラウンドできているときは雑念が入らずに、ツアープロの使命を果たしていられるのだが、オーバーパーの日が続くと自然にコースを見る目は設計家のものになってしまう。

川田　プレーヤーとしての見方と設計家では何が違う？

ネルソン　プレーヤーとしては攻めるルートや安全なルートを探しているが、設計家としてはホール全体、あるいは18ホール全体を総合的に見ているのだと思う。設計をはじめるようになって、知らないコースをプレーするとき、「いったいこの設計家は何を考えて造ったのか？」と想像するのは実に楽しい。

川田　私の知るかぎりでは、トム・ワイスコフ、ジョニー・ミラー、ベン・クレンショウ、古いところではブルース・デブリン、ドン・ジュニュアリーとツアープロが随分コース設計に参加しているけど、これはジャック・ニクラスの影響かな？

ネルソン　他の人は知らないが、私の場合は自然な成り行きだった。ミスター・カワタもよく知っているように私のプロになる前の職業がロッキード社の製図担当者で、兵役で2年間ベトナムに行ったときも、所属していた陸軍部隊で、地図を読めるのは私一人。よくジャングルの中で地図のコンターを読んで作戦プラン会議に参加したものだ。

川田　それこそホンモノのストラテジー（戦略）だね。

ネルソン　プロゴルファーで、地形が読めて、図面が描ける……コース設計家になるのが自然だった。むしろ私は運命的なものさえ感じている。

川田　すでに会社を持ってやっている？

ネルソン　『ラリー・ネルソン・デザイン・インク』という会社を創った。ジェフリー・ブロイアーという設計家とパートナーを組んでいる。彼は全米プロを開催する

『ケンパー・レイクス』の設計、造成にも参加した優秀なデザイナーだ。彼とは'87年にアトランタの『ブルックストーン』を造った。

日本ではコンサルタントを3カ所（富士カントリー出島倶楽部［現／出島CC］＝茨城等）、それからサイパンに『コーラル・オーシャンポイント』を完成させた。

ピート・ダイは設計家のエゴを出し過ぎている？

川田　話によると、サイパンのコースはシーサイドで、サイプレスポイントに似たコースになるとか……。

ネルソン　もちろん、あのマッケンジー博士の最高傑作には及ばないが雰囲気が似ているので海越えのパー3を造った。

川田　それじゃ、設計家として100パーセ

コーラル・オーシャンポイント（サイパン）
ラリー・ネルソン設計のコース。サイプレスポイントのイメージから、海越えのパー3を造った。

ント責任を果たした？

ネルソン　いや自分の評価としては95パーセント。残り5パーセントはやろうとしてできなかった部分がある。18ホールのうち16ホールまでは満足のいくレイアウトになったが、残り2ホールは図面上のイメージと現実が食い違ってしまった。いずれ改造することをオーナーも了解してくれた。

川田　いかにも几帳面なラリーの性格が出ている。

ネルソン　いつか家の引っ越しで、ここは子ども部屋、ここは私の書斎と十分に知恵をしぼったつもりでインテリアデザインを施したが、完成してみると不満が残って後悔した経験がある。

思うにクリエイターというものは自分の仕事に100パーセント満足することはないんじゃないか。コース設計でも完璧に満足のいく作品を完成させたら、創造力がそこで燃え尽きて、終わってしまうものだと思う。

川田　よりいいものを造ろうとする精神が持続していれば、いつも発展途上にある。これは創造する側のオリジナリティの問題だね。しかし私はいつも思うのだが、コース設計も一種のチームワークの産物だから、設計家ひとりの独自性を追求していくと最後はエゴになりかねない。何事もやり過ぎはいけないと思う。

ネルソン　同感だね。ドナルド・ロスの設計だからといって、ダイのすべてが傑作じゃない。時代とともに考え方も変わるし、設計手法も変わる。だから、いいものも駄作もある。

川田　今アメリカで人気の高い設計家で賛否両論の評価を受けている人がいるが、彼は自分のエゴイズムを出し過ぎていると思う。だから私は彼の場合、初期のコースを高く評価している。

ネルソン　〝スタジアムコース〟のことを言っているのだね？　あれは景観としては大変にスペクタキュラーで美しいが、あまりにタフで楽しくプレーできない。私は最終的にゴルフは楽しくプレーできなくてはいけないと考えている。例えば、グリーンが砲台でフロント部分がすべてバンカーというコンセプトを彼は多用するが、そういうホールは18のうち1ホールで良いのではないか。私だったら、他のホールとの差別化としてひとつは造るが、距離の設定は短くしてショートアイアンで打たせたい。

川田　TPCソーグラス、PGAウエスト両方の17番にある〝フライパングリーン〟についてはどう考えている？

ネルソン　デザイン発想としては悪くないと思う。ただしプレーヤーの側から言わせてもらえばグリーンが硬いのでボールが止まりにくい。設計コンセプトにグリーンの硬さが合っていない点が問題だと思う。

川田　しかし、乗れば2や3もあるが、外れたときに5以上になる確率が高い。つまり3と4の間に格差があり過ぎるからアベレージ以下のプレーヤーには苛酷過ぎないかな。どんな名手だってミスするのがゴルフだとしたら、ミスのリカバリーをさせる救いの余地を考慮することは必要だと思う。

ネルソン　それには賛成だね。グリーン上に止まる完璧なショットをしなければそのホールをフィニッシュできないとしたら、ゴルフとは別のゲームになりかねない。リカバリーが利くか利かないかが技術上達の最大テーマなのだから、ゴルフの大切な部分を失う恐れがある。

川田　確かにデザインとしてはおもしろいがプレーヤーに敬遠されかねない。

ネルソン　結局は設計家の創造性の問題だ。もし、私がデザインの独自性を強調して革命的なレイアウトをしても、プレーヤーが二度と来てくれなかったら、そのコースは失敗作だと思う。一度来て、再度の挑戦をしたくなるコース、もっと自分の技術を改良してチャレンジしたくなるコースこそ、いいコースの条件だと思う。

川田　ダイにはキミも随分イジメられた？

ネルソン　グリーンの硬さにね。（笑）

オールドコースの1、18番には他のホールとの継続性がない

川田　さて、キミが考えるコースのベストスリーを挙げてもらいたい。

ネルソン　アメリカ国内では、まず『サイプレスポイント』、それからドナルド・ロスの傑作『パインハースト#2』、それからジョージ・ファジオの『バトラー・ナショナル』の3コースだ。

川田　イリノイ州のバトラー・ナショナルは本当のチャンピオンティーだと7306ヤードと長過ぎてプレーできない。トーナメントでは6700〜800に設定しているタフネスコースだね。

ネルソン　地型がフラットで素材としては良くないのに、バンカーリングや水の変化で実に良くできている。最も感心するのは積極的に攻めるルートと安全に行くルートが必ず各ホールにあってフェアだと思う。距離と目標の設定が巧妙で、ファジオの設計手腕に脱帽する。

川田　毎年マスターズを開くオーガスタはどう評価している？

ネルソン　サイプレスポイントとまるでテイストが違うのは、共同設計したボビー・ジョーンズの影響じゃないかな。

前にもいったが私はコースは作品だけで評価されるべきで、設計家の名前で判断しないほうが良いと思う。マッケンジーにしても、サイプレスポイントは素晴らしいが、オーストラリアの『ロイヤルメルボルン』は実質以上に褒め過ぎだと私は思う。ジョージ・ファジオにしても、あまりにたくさんのコースを造ったから、なかにはマネーのためだけに設計したもののもあるはずだと思うよ。

川田　要は無名の設計家でも造ったコース次第で評価すべきだということ？

ネルソン　その通り。新しいコースをラウンドしながら、設計家のねらいを想像するのが楽しいよ。

川田　ひと目見ただけで誰のデザインかわかる人もいるけど？

ネルソン　ジャック・ニクラスのことかい？　彼の改造設計では疑問に思った経験はあるが、ニュー・デザインは素晴らしい仕事をしていると思う。大きいマウンド、ウェイビング・グラスの装飾的な使い方、フェアウェイの段差など、スコティッシュな設計手法を提唱して、見事にアメリカのコースに当てはめている。

川田　アメリカ以外の外国で考えたら、ベストコースはどこ？

ネルソン　スコットランドは全英オープン開催コースを含めてたくさんラウンドしたけれど、『ミュアフィールド』がベストだと思う。

川田　セントアンドリュースは？

ネルソン　あれは別格だ。なにしろ神が造ったといわれるのだから。ただし、神の仕業を恐れずに言わせてもらえば、1番、18番の2ホールだけ異質な感じがする。あの2ホールと他の16ホールに継続性がないのは不思議だ。あと40エーカーほどの土地が余っていたら本当にすごいコースになっていたと思う。

サイプレスポイント（カリフォルニア州）
ネルソンが考えるいいコースナンバー１。同じアリスター・マッケンジー設計でもオーガスタ、ロイヤルメルボルン、それぞれまったく違う。設計家の名前だけで判断するべきではないというのがネルソンの考えだ。

パインハーストNo.2（カロライナ州）
ドナルド・ロス設計の全米屈指のコース。ドナルド・ロスは、全米で413ものコースを設計したが、代表作のパインハーストNo.2は1907年に設計して以来、改造をつづけた。写真は16th 528Yards Par5。

川田　日本のコースは？

ネルソン　毎年プレーに来ている宮崎の『フェニックス』。日本的ではないが、気に入っている。

川田　もっと戦前に造られた廣野、霞ヶ関、我孫子なども見て欲しい。

ネルソン　そうだね。相模、川奈などを見たうえで私なりの日本のベストコースを決めたい。それにアイルランドにも名コースがあるらしいので、いつかきっと行ってみたいと思っている。

（1989年『Choice』46号より）

試合や設計で来日の際の定宿、
ホテルオークラにて。

CHAPTER

2

メジャーに学ぶ
スゴいセッティング

コースセッティングがスコアに与える影響とは

全米オープンの綿密なコースセッティング

コースのコンディションをどのように準備するかによって、プレー上の難度は大きく変わる。いちばんわかりやすいのがピンポジションで、全ホール、グリーン中央の平らな部分に切ってあるのと、グリーン端で、しかもバンカーがプレーラインを邪魔するところでは、おそらく平均して3ストローク近く違ってくるだろう。通常はそういうことのないように、各ホールのピン位置の難度を平均して散らばせている。ティーの位置もしかり。同じレギュラーティー、バックティーでもティーマークが最先端か、奥から2クラブの位置では、トータルで200ヤード以上の差が出るし、パー3では選ぶクラブが2番手は変わってくるから影響大だ。通常営業ではコース側は同じ箇所が傷まないように、毎日平均した距離にセットする。プロやアマのトーナメントでも4日間、前や後ろにセットしてヤーデージの平均化を図っている。

（公式試合ではコースセッティングがいちばん話題になる。ＵＳＧＡ（全米ゴルフ協会）が最も熱心に古くから取り組んでいて、１９５０年代から全米オープンでは必ずこの話題があった。その後、新しい工夫も含め現在も続いている。

フェアウェイを狭くしてティーショットのランディングゾーンのターゲットをしぼる。ラフを伸ばし正確でないショットを罰する。グリーンを硬くして、フェアウェイからしっかりスピンの利いたショット以外はグリーン上に止まらないようにする。グリーンの刈高を抑え、ボールの転がりのスピードを速くすることにより、わずかな傾斜もボールの転がりに影響を与えるようにする。これは特にショートパットでは顕著となり、優勝スコアはパープレーに近いところに落ち着く。そんなコンディションで勝った者だけが真のチャンピオン……という考え方で、結果、ボビー・ジョーンズ、ベン・ホーガン、ジャック・ニクラスという、まさに史上最強の３人が最多の４勝で並んでいるのはＵＳＧＡのねらいが証明されているといえる。

ただ反面、試合までの天気の不順、セッティングの不備等でコースコンディションが難しすぎたり、アンフェアになったりしてしまうと、優勝候補が皆、その罠にはまり、最後まで残ったのは意外にも地味な中堅レベルの選手という番くるわせの場面を何度も見ることになる。本人には悪いが、リー・ジャンセンやルーカス・グローバー、マイケル・キャンベルらは、ラッキーがその週に全部出たといえるかもしれない。あまり知られていないが、フィル・ミケルソンンは6度2位に甘んじているのも考えさせられる。

「自然のまま」の全英オープン

一方、全英オープンは開催コースをすべてシーサイドの8コースにしぼり、自然のままに放置してきた。4日間で四季があるといわれる英国の気候だけで十分という考え方か。コースによって、その年の天気によって、例えば4日間、晴天無風が続くと20アンダー近くが出たり、雨風・寒さのなかでオーバーパーが優勝スコアだったり、それこそばらばらだが、不思議に優勝者のリストには強豪の名前が並ぶ。無名選手の優勝はほとんどなく、全米オープンとははっきり違いがわかる。

ただ例外もある。99年、全英一の難コースと名高いカーヌスティの芝の発育がすこぶる悪かった。そこでR&Aは、ラフにライグラスの種を撒いた。ところが皮肉にも試合1カ月前に異常成長。そのためか、優勝スコアは6オーバー。無名のポール・ローリーが優勝した。ジャン・ヴァン・デ・ヴェルデが18番でトリプルボギーを打って逃したあの年のことで、その後、無名選手が何度か勝っている。果たして、コースセッティングが実際どれほど勝負に影響を与えているのか、興味深い。

「カーヌスティの悲劇」として語り継がれる、1999年の全英オープン。最終日まで2位と5打差をつけて首位を独走していたジャン・ヴァン・デ・ヴェルデ。フランスに初めてメジャーのカップをもたらすところ、最終ホールでクリークへ入れてしまい、靴を脱いでウォーターショットに挑戦するも失敗。結局18番パー4で7打叩き、ジャスティン・レナードとポール・ローリーとのプレーオフとなって敗退した。

最終日に67をマークし、「カーヌスティの悲劇」の勝者となったのはポール・ローリー。地元スコットランド出身で、カーヌスティには1時間ほどかけて自宅から通っていた。

〝要求〟を反映させるセッティングの妙

全米オープンの選手に対する〝要求〟

コースの難易度は、一般的にコースレートで表されているが、雨や風などの気象条件によって左右されるだけでなく、コースのセッティングによっても大きく変わる。コースセッティングの考え方を熱心に追求したのはUSGA（全米ゴルフ協会）が初めてで、特に全米一を決める全米オープンのセッティングは常に話題をよぶ。チャンピオンは、ボールをまっすぐ打ち、曲げ、飛ばし、止める。しかも、それを自在に操り、そして、最後までキープできる者であるべきという考え方を1920年代からずっと続けてきた。フェアウェイの幅をしぼり、ラフを伸ばし、グリーンを硬く仕上げ、ボールの転がりを速くすることで、正確に打ち、止めることを要求した。しかも、64年までは最終日に36ホールを消化し、プレーオフは翌日に18ホールというハードな日程で、ほかの試合とは違った環境を作った。セッティングの難度は、おそらくパープレーを設定したように思えるから、優勝スコアは4ラウンドで280ストローク前後が圧倒的に多かった。この考え方を守った結果、各年代別に、ボビー・ジョーンズ、ベン・ホーガン、ジャック・ニクラスが最多優勝の4回、いまだ現役のタイガー・ウッズが3回となっているのは、文句のつけようがない。

グリーンにボールを止めるためには、フェアウェイからスピンの効いたショットを打つしか方法がなく、正確にボールをフェアウェイに置くために、ティーショットの距離を犠牲にしてでもアイアンで打つなどの戦略が採用される。ティーショットをラフに入れたならば、0・5ストロークのペナルティという話はよく聞いた。全米オープンのセッティングのスタンダードで考えると、平常時のコースレートとは少なくとも4～5ストローク程度、難しくなっているといわれ、それに風が強く吹くと倍加する。ただし、これはトップレベルのプロがプレーしたときの話で、アベレージゴルファーが全米オープンのセッティングでプレーすると、間違いなく各ホールでワンストローク以上の差が出る。ふだんはアンダーパーで回ることもあるアマチュアのスクラッチプレーヤーが、80も切れないまま予選落ちするケースをよく見た。

コース難度を大きく左右するピン位置の設定

ピンの位置も各ホールとも4日間のローテーションが工夫され、ピンの位置によっては、前日とはまったく違った攻め方が要求されることも多い。各グリーンによって練習日の2カ所のほか、あらかじめ3段階の難度に分けられた4日分のピン位置が想定され、各日、右、左、手前、奥のピン位置が偏って並ばないようにセットされる。156人が出場する初日と2日目は、プレーを早くするために比較的やさしい位置に、そして、勝負を決める後半の2日間は難しい位置に、という考えがある一方、上手な選手だけを決勝ラウンドに残すためには前半に難しいピン位置をプレーさせるという考えもあったようだが、現在は4日間の難度を平均して配置するという考えが強い。ただ、あらかじめ設定したピンの位置は、雨や風の強さ、向きによって、その難度が大きく変わることがある。どのピンの位置を何日目に設定するかは、全体のスコア、天気などによって状況が変わるから、どんな試合展開になるかは、毎日ピンの位置を決める競技委員の腕しだいともいわれる。したがって、その本人にとっては相当重い責任を負うことになる。

ふだん、それほど難しいと思われないコースで、コースレートもそこそこの舞台が、セットアップのしかた、ピン位置の各日のローテーションで、見違えるような難コースに変わることもあるから、大きな試合でのコースセットアップは大変重要なファクターになる。全米オープンや日本オープンのスコアリングを、そういう目で見てみるのもおもしろい。

ニューヨーク・マンハッタンから車で約90分のニュージャージー州にあるUSGAの本部。全米オープンをはじめとする13のプロとアマの競技を行っている。本部はリサーチ&テストセンターも兼ねており、R&Aが新施設を作るまで世界中のボールは、規制に反していないか、ここで一手に検査を引き受けていた。

2012年オリンピックCで行われた全米オープンの練習日。競技委員がグリーンのコンディションをチェックしている様子。ピン位置は全体のスコアや天気により毎日競技委員によって決められる。メジャーの試合の行方を決めるのも競技委員の腕しだい。

真の王者を生む全米OPのセッティング

技術とメンタルの争いができるコンディション

ＵＳＧＡ（全米ゴルフ協会）は１９５０年代から最も熱心にコースコンディション に取り組んできた。フェアウェイを狭くしてティーショットのランディングゾーンの ターゲットをしぼり、ラフを伸ばし正確でないショットを罰し、グリーンを硬くして、 フェアウェイからしっかりスピンの利いたショット以外はグリーン上に止まらないよ うにし、グリーンの刈高を抑え、ボールの転がりのスピードを速くすることにより、 僅かな傾斜もボールの転がりに影響を与えるようにするなどだ。

近年の飛んで曲がらないボールと４６０ccのドライバー、ロフトの立ったアイアン のためか、全体のスコアが著しく向上しているなか、メジャーだけは、飛ばしっこの 競争ではなく、ショートゲームも含めていかにボールを置き、そして止めるのかとい う、技術とメンタルの争いにしてほしいと私は常々思っている。というのは、ゴルフコースというものは、そのセットアップとコンディショニングで、やさしいコースにも、難しいコースにもなりえるからである。

その事実を初めて自覚したのは、私が海外の試合に出かけるようになった1970年代の後半で、メジャー勝者4人だけのエキジビションから格上げされた、ワールドシリーズが開催されていたファイアーストーンCC（オハイオ州）でのスコアリングに疑問を持ったからである。7160ヤードでパーは70。ほとんどのホールが230ヤードから460ヤード、インの16番は625ヤード、グリーン前は池というモンスターホールで、当時アメリカのトーナメントコースではいちばん難しいといわれていた。ところが77年は優勝スコアが13アンダー、翌年が2アンダー、90年はホセ・マリア・オラサバルの18アンダーに対しその翌年は1アンダーと、どうしても同じコースのスコアとは思えない。地元の人の話ではロースコアが出た年は、夏の長雨でグリーンが軟らかく、選手はラフからでも簡単にボールを止めていたという。コースの難度はコンディションによるものだという、私なりの結論に達した次第である。

真価が問われる全米オープンのセットアップ

前にも記したが、全米オープンは長い間、コースのセットアップに力を入れてきた。4日間アンダーパーなら優勝争いという展開が長く続いた結果、ボビー・ジョーンズ、ベン・ホーガン、ジャック・ニクラスらが各4回で最多優勝という、納得できる歴史を残している。本当に強い者がロースコアで独走することは構わないし、グリーンが軟らかいときのロースコアも理解できるが、実は心配の種が見つかって少々動揺したこともある。2017年に初めて開催されたエリンヒルズはパブリックコース。ウィスコンシン州の、周りに何もない広大な土地に、リンクス風の樹木のないコースに仕上げ、グリーンも硬く速く仕上がっていた。全長7741ヤード、フェアウェイは60ヤード幅、うねりも何も大きなスケールで、これまでの全米オープンとはかけ離れている。どんなことになるのかと思っていたら、選手は皆、広さにかまけて振り回しているように見えた。硬いフェアウェイではどこまでも転がり、距離はまったく問題ない。優勝したブルックス・ケプカは637ヤードの18番を2打でオーバー、2位に入った松山英樹でもピン横まで届いていた。ケプカは16アンダー、それよりも合計31名がアンダーパーを記録したことが私にはショックだった。USGAに関しては、女子オープンもシニアオープンも同様な結果で、これには関係者も反省しているという話が伝わっている。

その反省を踏まえた翌18年の会場はシネコックヒルズ。86年は1アンダー、95年はイーブンパー、そして2004年が4アンダーと続いていた。爆発的な飛距離にUSGAはどんな対策を考えたのか、どんなコースセッティングを用意したのか。

エリンヒルズ（ウィスコンシン州）18Holes 7741Yards Par72（全米オープン時のセッティング）全米オープン史上最長の距離が話題になったがブルックス・ケプカが最終日67で逆転優勝。大会史上最多31人のアンダーパーを出した。リンクス風の広いコースに、予想された強い風がなかったことも全米オープンらしからぬセッティングとなってしまった要因のひとつだ。

全米OP、セッティングの怖さ

究極のセットアップを追求して起きた3日目の「事件」

シネコックヒルズは18年全米オープンに向けて2012年に初めての改造を行い、バックティーを10カ所新設して7445ヤードまで延ばした。前回の04年全米オープン（6996ヤード）から実に449ヤードも長い。同時に、現コースが完成した1930年当時の設計者ウィリアム・フリンのグリーンに忠実に傾斜等を修正したという。前年の優勝スコア16アンダー、31人がアンダーパーという、全米オープンらしくない結果を受けて、セッティングに特に注目が集まった。

どんなゴルフコースでも、コースコンディションによって難度は変わる。雨、風、フェアウェイの広さ、ラフの深さ、グリーンの硬さ、速さ等々、それに、朝と午後ではグリーン上の芝の生育によってボールの転がりが変わるし、時として過湿のグリーンは午後になるとプレーヤーの往来によって表面に細かい凸凹ができることがあるから、ショートパットに運・不運が出ることは避けられない。

全米オープンはその年のチャンピオンを決める試合として技能全般のみならず、精神力まで求めるコース設計を目指している。この年、ＵＳＧＡは開催クラブと協議のうえ、コース内の樹木を整理してオープン当時の姿に戻した。ラフはひざまで、ただし、この数年の設定を無視するわけにはいかず、距離延長分も考えて、開場当時よりフェアウェイは広い。グリーンスピードは13〜14フィートという極限に近い速さに設定されていた。

ところが3日目は、レフェリーとして任務についていた私も驚くほど難しい位置にカップが切られていて、少々首をかしげたことも事実だった。松山英樹は近距離から4パット2回、そしてフィル・ミケルソンが止まっていないボールを意識的にパットするという前代未聞の事件が起きた。ＵＳＧＡによると想定外の風でグリーンが乾き、大混乱になった由。ＵＳＧＡが失格にせず、2打罰の裁定で済ませたのは、難しすぎるコース設定への負い目があったからではと想像する。

結局、最終日は大修正があり、ピン位置は比較的緩やかな位置へ。そして、全グリーンには水が撒かれた。するとアンダーパーが続出し、ブルックス・ケプカの1オーバーが優勝スコアになり、最終的につじつまは合った形で一段落となったのだが、私は、コースのセットアップに問題があったと思う。究極のセットアップは、条件が一つ外れると取り返しがつかなくなることがあるからだ。

あらゆる状況を加味し、いかにバランスを取るか

基本的にグリーンスピードを10フィート以上に設定するようになったのは1960年以降で、最近ではそれが、グリーン生育のノウハウ、新種改良、刈り込み技術の進歩で12〜13フィートの設定が通常である。シネコックヒルズGCは30年のオープン、しかも、数年前に傾斜をオリジナルに戻したということで、4％前後の傾斜は至る所にある。そんな所にはカップの場所を切らないにしても、それこそギリギリの位置に決めたい。すると、樹木を整理したことによる想定外の風でグリーンスピードが上がりただでさえ止まりにくいボールが4％の傾斜にかかって、そのままグリーン外に転がり落ちるというのが、この全米オープンだったのではないだろうか……。

ボビー・ジョーンズはともかく、60年前後まで活躍していたベン・ホーガン、サム・スニード、それにアーノルド・パーマーにしても、右手でしっかりパットしていたシーンが思い浮かぶ。そんなコースでシビアな設定をすれば、それだけ想定外の状況が起こることは目に見えている。もう少し気配りがほしかったと思わずにはいられない。

ゴルフコースは怖い。コースコンディションや設定によって難度が大きく変わるのだから。

極限の速さに設定された2018年の全米オープン、シネコックヒルズのグリーン。想定外の風で乾いてしまい、4パットするプロが続出。選手たちからのクレームもあり、最終日にはピン位置はやさしく、すべてのグリーンには水が撒かれた。

大会3日目、自分が打ったパットが外れ、ボールが動いているのにかかわらず、グリーンからボールが落ちないよう打ち返したミケルソン。罰打がつくことは分かっていて、故意にルールを使ったという発言は物議をかもした。失格にすべきという声もあったなか、USGAは「ルールに従った」として最終日のプレーを許した。

COURSE TALKING ②

いいコースとは何か？を考える

アーリーアメリカンのコースがベストだ！

1952年テキサス州生。オースティン高校とテキサス大学にてプレーし、71年〜73年の間3回NCAAチャンオンシップ優勝。73年プロ転向。現役時代の86年よりビル・クーアと組みコース設計をはじめる。84年、95年の２回マスターズ優勝。PGAツアー19勝、02年世界ゴルフ殿堂入り。

若き日の

ベン・クレンショウ

Ben Crenshaw

川田　今日は、試合中にもかかわらず、『Choice』誌のために、インタビューに応じてもらって、ありがとう。いまベンにとって、最も興味の焦点だと思う、コース設計に関する話がメインテーマだから、初めから応じてもらえるとは思っていたけどね。

ベン・クレンショウ　キミの予想どおりだ。子どもの頃から、コース設計に興味があってね。最近やっと、自分の主義、主張にぴったりなパートナーを発見したんだ。ビル・クーアはまだ有名なデザイナーではないが、私と意見も合うし、いいパートナーシップを組めると思う。

川田　ベンの造ったコースでプレーするのを楽しみに待ってるよ。〝いいコースの条件〟とか、〝コースを読む鑑識眼〟を、『Choice』読者に認識して欲しいとする主旨でやっているものなんだ。ゴルフのプレーそのものも奥が深いけど、ゴルフコースの成り立ちや設計の世界も、エキサイティングで興味尽きないものね。

ベン　一度トリコになったら、逃げられない。

川田　日本のコースについて、ベンはどこまで知ってるの？

ベン　日本へは何度も行っているが、そのほとんどはトーナメント出場のためだった。だから、試合会場のコースしか知らないけれど素晴らしいコースがたくさんあるのは知っている。カスミ（霞ヶ関）、ヒロノ（廣野）、トーキョー（東京）……。

川田　日本のグレートコースばかりだ。

ベン　ラウンドの経験があるトーキョーでいえば、C・H・アリソンの影響か、日本的な自然を生かした設計なのに、どこかスコティッシュな趣きがあったね。特に、バンカーリングが英国的だったのを覚えている。

（註・ゴルフ史に関心と造詣の深いクレンショウらしく、さすが日本のゴルフ史にも深い知識を持っているが、いまの東京GCが前身の朝霞コースと違うところまでは知らなかったようだ。英国人設計家アリソンが造った朝霞と大谷光明設計の東京と勘違いがあったようだ）

川田　その他では？

ベン　ダンロップフェニックスでプレーしたフェニックスはリンクスタイプの土質だし、ブリヂストンのソデガウラも良かった。あそこは特に10番ホール。

川田　川奈ホテルはプレーしてない？

ベン　知らない。どんなスペルだい？

川田　K・A・W・A・N・A……。1962年、今のUSツアーコミッショナーのビーマンがアマ時代に参加した世界アマチーム選手権の舞台になったコースだ。ピート・ダイが日本に来た時、富士コースを見て、「さすがアリソンのアドバイスが入っているだけに、スコティッシュだ。私の好きな世界のベスト25コースのランキングを変える必要がある」と言って帰ったそうだ。

ベン　今度ぜひ行ってみるよ。

歴史に目を開かせてくれた東部への旅

川田　この数年、ＰＧＡのトーナメント会場が新設コースで行われてるね。ハートフォード・オープンもホンダ・クラシックもＴＰＣ専用コースを使っている。ＰＧＡツアーは何をしようとしているんだろう。

ベン　ポリシーの一環として、より多くの観客を動員しようとしているんだ。ゴルフを知っている人も、また知らない人も含めてね。そのため、観客がプレーを見やすいコンセプトでゴルフ場造りしたＴＰＣ（トーナメント・プレーヤーズ・クラブ）を全米各地に15コース以上造っている。ただし、私の意見として、ＴＰＣの設計コンセプトにも問題がないわけではない。

　ピート・ダイが造ったＴＰＣも、アーサー・ヒルズが造ったイーグル・トレースのＴＰＣも、どこも同じコンセプトだから、同じ風景に見えてしまう。真っ平らな地型に、池を掘り、マウンドを築く方法が、自然であるかどうかを考えて欲しい。

川田　ベンの言いたいことはこうかな？　サイプレス、ペブルビーチ、オークモントみたいなコースならば、写真でもいい、ほんの一部分を見せられても、それがどこのコースかすぐ判かる。ナチュラルな風景だから。

ベン　その通りだ。スタジアムコースはすべて同じなんだ。コースの持つ個性的雰囲気（Individual Flavor）がない。

川田　もうひとつ、この10年ぐらいの間に、ゴルフ用具の進歩発達、技術の向上は目覚ましいのに、いまだに２５７（マイク・スーチャックの31アンダーという１９５５年に達成されたＰＧＡツアー記録。２０１７年にジャスティン・トーマスが２５３を達成した）が破られていないのは、ＰＧＡツアーが難しいコースを舞台に選んでいるからだろうか。

ベン　オールドアメリカンの偉大なコースでは、そんなに簡単にロースコアは出ない。新しいコースの時は結構出ているようだが——。

　私は現代の設計家が犯している最大の誤りは土木工学の進歩と機械化の利用方法にあると思う。近代的方法で描いた設計図面一枚で、どんな地型でも、機械で造り変えてしまうからね。オールドアメリカンのコース造りはもっと時間と手間をかけて、自然と調和させるコース造りを第一主義に考えていたはずだ。

川田　私も、その点がいちばん気になる。ゴルフ用具のクラブでいえば、１９５０年代にデザインも品質もひとつの頂点を迎えている。ゴルフコースでは１９３０年代までに造られたものが、今でもアメリカのベストコースだ。我々は、何か間違った方向へ進んできてしまったのだろうか。

ベン　再教育を受ける必要があるだろうね。私だけでなく、たくさんの人がそう思っているはずだよ。なぜ、1922年に造られたパインバレーがアメリカのベストワンコースなのか？　ウィングドフットがなぜ、ああも魅力的なのかをね。

川田　ベンが84年のマスターズ・チャンピオンであると同時に、GCS（ゴルフ収集家協会）の会員で、古いゴルフ書の収集家であり、コース設計を学んでいることは、日本のファンも知っているわけだが、キミがそういうゴルフの歴史に興味を持った動機は何だったの？

ベン　あれは16歳のときだったから1968年。私が初めてテキサスを出て、USGAのジュニア競技に出場するため、マサチューセッツ、ブルックラインの「ザ・カントリークラブ」へ行ったときなんだ。

川田　東部へ旅したのが初めて？

ベン　そう、父親と二人旅。初めて、ベントグリーンでプレーした。（注・クレンショウの生まれ故郷、テキサス・オースチンのコースはバミューダ芝）それに、あんな美しいフェアウェイを見たのも初体験。

でも、なによりラッキーだったのは、1895年、W・キャンベルが設計し、W・フラインが改造したアメリカの記念碑的コースでプレーできたことだ。そして父親が教えてくれた〝ベン、ここでアメリカのアマ、フランシス・ウィメットがハリー・バードン、テッド・レイのイギリス勢プロを破って、全米オープンに初めてアマチュアとして勝ったんだぞってね。

川田　ジュリアス・ボロスがパーマー・キューピットに勝ったオープン舞台でもある。

ベン　そう。アメリカのゴルフ史がコースに漂っている気がした。それで歴史に興味を持って本を読み出したんだ。それは、プロになっても続いて、世界中のグレートなコースでプレーするチャンスが増えて、その都度そのコースの歴史的背景を勉強するようにしていたんだ。

1913年の全米オープンで、フランシス・ウィメットがアマチュアとして最初に優勝を果たしたのがザ・カントリークラブ（マサチューセッツ州）だ。写真はウィメットとキャディのエディ少年。

ロングアイランドは名コースの宝庫だ

川田　もうじき20年になるんだね。それで、アーリーアメリカンのコースが好きになったのはわかる。他に、どんなコースが挙げられる?

ベン　リビエラも高い格式があるし、ストラテジック（戦略型）設計コースが、私の好みだ。つまり、シンキングゴルフを要求するコースだね。だから、サイプレスポイント、ペブルビーチ、メリオン、ウィングドフット……、それにオーガスタナショナ

アーリー・アメリカンが
理想のコース

ウィングドフットゴルフクラブ（ニューヨーク州）
1923年設立の東海岸の名門コース。A・W・ティリングハスト設計。ベンの好きな設計家のコースで、過去5回全米オープン開催。

シネコックヒルズゴルフクラブ（ニューヨーク州）
1891年設立　C・B・マクドナルド設計。1928年にウイリアム・フリンが改修。同じ方向に2つと同じホールがない超名門。

ル。

川田　みんな1910年代以後だ。今年のオープンをやるシネコックヒルズは？

ベン　もちろんだ。90年ぶりに全米オープンをやるんだったね。だから、私はいまひとつ希望があるんだ。今年のオープンに出場する若い選手が、ぜひシネコックの長い歴史と格調の高さを知って、私たちの先輩ゴルファーが、いかにゴルフをトータルに知っていたか、造詣の深さを学ぶキッカケにして欲しいんだ。

川田　ニューヨーク、ロングアイランドのサザンプトン附近は、名コースの宝庫だから、その気になれば、いくらでも古いコースの良さに触れられる。シネコックヒルズ、メイドストーン、ナショナル・ゴルフ・リンクス・オブ・アメリカ（NGLA）……。

ベン　そうなんだ。シネコックはウィリアム・フリンが設計したアメリカで最初の選手権用コースだし、スコットランドのリンクスタイプをコピーした、アメリカでも例のないコース、NGLAはC・B・マクドナルド。ふたつともすぐ近くにある。それに、メイドストーン。

川田　オープンに出る選手ばかりでなく、今の設計家たちにも、見て欲しいね。

ベン　そうなんだ。さっき話した、なぜ、20年代のゴルフコースが優れているのかを勉強するには、良いコースを貪欲に見て歩き、聞いて歩く必要がある。観察者であると同時にいい聴き手になれってことだ。

例えば、リビエラのグリーンだが、オーガスタのように強いスロープがある訳ではないのに、ストレートなラインは一カ所もない。非常にデリケートなアンジュレーションで、プレーヤーの技量を試してくる。つまり、グリーンのアンジュレーションはボールを曲げる最低限の起伏があればいいっていうことを先輩は教えている。

今の新しいアメリカのコースはアーティフィシャル（人工的）過ぎる。スコットランドのコースやアーリーアメリカンのコースと比較して、〝マニキュア的〟と言われるのは、そこなんだ。自然を無視した造形は神への冒とくじゃないかな。

川田　マクドナルドやフリンなど、当時の設計家を目指したアメリカ人は自分の国にお手本がないから、スコットランドへ勉強に行った。

ベン　ゴルフのホームはスコットランドだからね。ウィングドフットを造ったティリング・ハースト、メリオンを設計したヒュー・ウイルソンも、グレートな設計家はみなそうしたよ。

川田　さすがに、アーリーアメリカンの設計家について、よく勉強してるね。

ベン　オールドスコティッシュなコースを好きな奴で、私以上はいないよ。

川田　こんな話があるんだ。テニスが好きな大学生が就職試験の面接で、〝今年の全米オープンの男子チャンピオンは？〟とか〝ウインブルドンの最多勝利者は？〟と聞かれて、何も答えられなかった。自分でプレーすることと、好きなゲームの歴史は無関係なんだ。

ベン　それは若者の世界的な傾向だろうね。ツアープロの意識構造もだいぶ昔と変わってきたものね。

川田　ひとつには米国ツアーがシード制をオール・エクゼンプトに変えたせいもある？

ベン　大いに問題ありだ。

川田　テレビや新聞を通じて毎週やるツアーの結果を見ていると、エッ!? というような選手が出て来る。考えて見れば、シード１２５位以内というのなら、４万ドル弱を稼げばいい。年間35試合のうち、どこかで２位になれば一度でシード権が確保されてしまう。だから、一発屋的な選手が活躍できるようになったんだろう。

ベン　ヘール・アーウィンが言ってたよ。「15年以上ツアーでプレーしているが、初期の頃と今ではプレーの内容がまったく違う。初日からピンをデッドにねらっていかないと出遅れてしまうんだ」ってね。ゴルフは本来、〝シンキング・マンズ・ゲーム〟だったのに今や、〝バーディ・イーグル・コンテスト〟になったようだ。

川田　それに、今のヤング世代プロは同類項みたいだろ？　細身で、金髪、ファッショナブル。コースへ出れば皆同じようにヤーデージを測り、大学ゴルフ部で教わった同じようなスウィングをする。

ベン　そう、ショット・マシーン！　ジョンとスミスの区別がつかない。

川田　で、テニス・ボーイの大学生と同じで歴史にはまったく興味がない。
ベン　それでも、「65」を出せる。（笑）

ホーム・オブ・ゴルフはスコットランドなのだ

川田　その点ベンだったら、もしスコットランドのロイヤルドーノックへ行ってプレーするチャンスがあったとして、それが全英オープンの前日でも行くだろうね。
ベン　当然だ。あれが、私の知識欲の根源なんだ。いま、プレーしても、難度は昔もいまも変わらないと思う。
川田　アメリカの人工的なコースは技術向上と用具の進歩で、びっくりするアンダーパーが出るようになってしまったけど。
ベン　昨年のLAオープンでラニー・ワドキン

ロイヤルドーノック（スコットランド）
1891年設立　オールド・トム・モリス設計。スコットランドハイランド地方のクラシックリンクス。歴史と風土が生み出し育んだ18ホールは、壮大で大きな海を望む景観が美しい。

スが20アンダーで優勝したのを、私はテレビ解説席で見てたんだが、自分の眼が信じられなかった。

川田 「空にもハザードがある」っていわれるくらい、背の高い樹林が多いのにね。

ベン スコットランドのリンクスコースは木が一本もなくても、プレーヤーに戦略を考えさせるよ。セントアンドリュースのオールドコースなんて、ラウンドするたびに違う攻略を考えなくてはならない。ボビー・ジョーンズが初めてプレーして、途中でスコアカードを破り棄てて、ノーリターンしてしまったのは有名だが、晩年には非常に好きになり、愛するようになったというのは、私にもわかる気がする。本当の技量の差をテストされるコースだし、奥が深い。

川田 全英オープンを開催するローテーションに入ったコースは、皆同じじゃない？

ベン そう。テストの場としてベスト。アメリカのツアープロの中には、現在のツアー用のコースとタイプが違いすぎるといって、イギリスへ渡らない連中もいるが、本来、あれがゴルフコースなんだ。〝初めにリンクスありき〟なんだよ。

川田 それは、歴代のチャンピオンの名前を見てもわかる。正しい、その時の技量をテストする場であれば、勝つべくして勝つ人達の名前が並ぶ、という感じがする。

ベン 私の名前はないけどね（笑）

川田 ただし、サンドイッチのセントジョージスを除いてなんだが――。

ベン あそこは、リンクス的であることには違いないんだが、少しトリッキー過ぎるきらいがある。だから、ショートヒッターで、曲がりの少なく、ショートゲームやパッティングのテクニシャンが勝つケースが少なくない。

川田 ビル・ロジャース、サンディ・ライルが勝ってるね、彼らの技術を評価しないという訳じゃないが――。

ベン ビルはあの年ほとんどの試合に勝っていたからね。

川田 そういえば、確かにワトソン、ニクラス、パーマーたちの名が、サンドイッチのジ・オープンには出てこないね。

ベン 持っているすべてのクラブを必要とし、1本のクラブでも、多彩なショットを要求されるようなコースでなければ、プレーヤーの持つすべての技量は測れない。そして、一打毎にルーティングとボールのポジショニングを考えさせる――それがシンキングゴルフの基本だからね。

川田 日本のプロツアーも、全英オープン級に、難度が高くて、正確な技量を測れるコースでやれば、青木、中嶋につぐ選手がもっと出て、海外へジャンプするんだけど。

ベン アマチュアが普段プレーするコースだって、そうあるべきなんだ。

川田 もちろん、そうなんだが、スコアに執着する若いゴルファーが急増して、ゴルフを多角的に愉しむ、勉強するという傾向に乏しい。〝Aコースの5アンダーより、

Ｂコースのパープレーのほうが価値がある〟――という区別がわかる人が少ない。数字が少ないほうがいいという短絡発想になってしまいやすい。

ベン　若い世代の共通した傾向だ。我々も含めて、もっと勉強する必要があるね。

（１９８６年『Choice』28号より）

LAオープン開場　リビエラカントリークラブにて。

CHAPTER

3

スゴい、コース各論
ここを見よう

ルートプラン①

バラエティに富んだ「方向」の重要性

多様な制約条件下での設計

ゴルフコース設計者は、新しいコースをオープンする際、さまざまな制約にしばられる。面積や地形、進入路の方角に伴うクラブハウスの位置、南および北向き斜面、日の出&日の入りの方角、山や川、場合によっては伐採禁止の保護地帯や保安林の有無……。もちろん、規定による残存緑地の確保や調整池の造成など、細かく挙げたらきりがない。これらの規制、制約をクリアしたうえで、コースのレイアウトを考える。

正門から進入路を経てクラブハウスの位置を決め、駐車場のスペースを確保。コースのルートプランを模索する。1番ホールはどの方向へ、どんな距離にするか。朝いちばんのティーショットは東向きに打ちたくはないし、逆に18番ホールは夕日に向かいたくない。

また、コースのいちばん外側のホールが時計回りか反時計回りかによって、OBラインが左右逆転し、プレーのパターンが大きく変わる。

例えば、スコットランドのミュアフィールドは、アウト9ホールが時計回りに続いている。したがって、OBフェンスはすべて左側。アベレージゴルファーのミスショットは、スライスであるケースが断然多いといわれることを考えると、打ち直しが少ない分、プレーの所要時間が短くなりやすい。

最近ではクラブやボールが進化して飛距離が出る分、ミスショットの幅も大きい。そのため、市街地のコースでOBラインが右側にあるホールでは、打球が場外へ出てしまって大問題となっていることも少なくない。対策として、大枚をはたいて景観を台無しにするような大きなフェンスを設置するか、あるいはそのホールに限ってティーショットをアイアン限定にするほかなく、これはさかのぼって、レイアウト作成時の思考不足といわざるをえない。

パー3&5の「方向」の重要性

鳴尾GC（兵庫）や川奈ホテル富士コース（静岡）が国内よりも海外からの評価が高いのは、連続して同じ方向に進むホールがないからだと、米国のパネリストにいわれたことがある。考えてみればそのとおりだが、よくそんなところまで見ているものだと感心したことを覚えている。つまり、それだけバラエティの豊かさを求め、考えているということだろう。

方向に関していうと、パー3やパー5はできるだけ違う方向を向いているほうがよいとされている。その日の風向きで、プレーのパターンが単純にならないようにするためなのだろう。

実は、このパー3とパー5の方向については、私がコース設計をはじめたころからずっと気にかけていることで、成田GC（千葉）では、パー3の4ホールはそれぞれ90度ずつ方向を変えて（4方向に）配置できたが、用地の関係もあってパー5は、アウト・インそれぞれ逆方向（2方向）にしか向けられなかった。ただ、この4方向の配置ができたとしても、それぞれのホールにどれだけのファクターが盛り込まれ、しかも、風の方向による戦略性の変化がどれだけあるかが重要なことはいうまでもない。

あまりにもフラットなコースは、欧米ではそれほど評価されていない。なぜなら、各ホールによっての変化が乏しくなりがちだからである。

打ち下ろし、打ち上げ、右ドッグレッグ、左ドッグレッグ、距離の長短、つま先下がり、つま先上がりなど、いかに違った要素を、それも連続させずに1番ホールから順に配置していけるか。そして、始まりと終わりに〝ストーリー〟が盛り込めるか——。それができたら、それこそ〝夢のレイアウト〟で、コース設計者は皆、そこをねらって頭をひねっているはずである。

C・H・アリソン設計の川奈ホテル GC 富士コース（静岡）の空撮写真上に、幻の赤星設計のホールレイアウトを描いた図。赤星作品の設計図は現存しないが、ティーとグリーンを示すホール図だけが残されている。赤星のルートプランでは、14、15、16 番の連続 3 ホールを海沿いにすすむルートプランだ。太平洋を左にダイナミックな 3 ホールともいえる。

アリソン設計のルートプランは、海に向かうホールの次は山に向かう。幻となった赤星設計の後を引き継いだアリソンだったが、完全に無の状態から世界基準のコースデザインが造られた。

ルートプラン②

パー3やパー5レイアウトの〝妙〟

変更が難しいルートプラン

大きく育ってプレーの邪魔になる樹木はいつでも伐採できるし、バンカーの位置や形はどのようにでも修正できる。グリーンの輪郭や外形を直したり、サブグリーンを撤去してワングリーンにしたりすることも、日常の営業との兼ね合いを工夫すれば何とかなる。ただし、一度決めてしまった全体のレイアウトは、なかなか手をつけることができない。だから、ゴルフコースの設計でいちばん大切なのは、レイアウト、すなわちルートプランだと私は思っている。しかもその仕事は、まだコースがその姿を現す以前に決めなくてはいけないことだから、コース設計者の責任は大変大きい。なぜなら、一度決まったルートプランは、コースをクローズして大改造工事を決断、実行しない限り、何十年もついてまわるからである。

私は、初めてのコースを回るときは、コース全体の手入れや芝の健康状態よりも、そのコースのレイアウトに注意を払うことが多い。例えば、クラブハウスの位置から、1番はどの方向にどんなホールでスタートし、同じようなホールが連続することなく、パー3、パー4、パー5がバランスよく配置され、途中、どんなつながりを経て盛り上がりを迎えたあと、結末へ導くのか。そして、コース全体がどれほど周囲の自然環境の特色を表現しているかなど。この辺が良くできていると、私はひそかにそのコースを上位にランクする。あとは、コースの手入れに力を注げばいいからだ。

18番パー5が目立つ日本

世界、といってもどうしても英米が主になってしまうが、トーナメント開催コース、古くからの名門コースの最終ホールにストロングパー4が多いのに比べると、日本はパー5の最終ホールが目立つ。別に、総数を数えてみたわけではないが、とりあえず、トーナメントのテレビ放映で見ると、18番パー5が圧倒的に多いことに気がつく。芥屋（福岡）、袖ヶ浦（千葉）、ABC（兵庫）、JFE瀬戸内海（岡山）、太平洋クラブ御殿場コース（静岡）、フェニックス（宮崎）、Kochi黒潮（高知）、葛城（静岡）、熊本空港（熊本）、茨城GC（茨城）、福岡（福岡）、利府（宮城）、東名（静岡）、ヨネックス（新潟）、大箱根（神奈川）など。トーナメント開催コース以外でも、よく知られているところに目を移すと、小金井（東京）、相模、相模原（共に神奈川）、千葉CC梅郷コース、野田コース、習志野・キングコース（共に千葉）、愛知（愛知）、茨木・西コース（大阪）、西宮（兵庫）など、これでもかというくらいどんどん出てくる。日本のコースは総じて、パー5の最終ホールが好きに違いないと思わざるを得ない。何か、特別な理由があるのか、それとも、時代時代の流行りなのか。

英米に存在する1番パー3

9ホールでクラブハウスに帰ってこない川奈ホテルGC富士コース（静岡）は別として、霞ヶ関CC東コース（埼玉）や相模、相模原CC西コースなど、パー3の10番ホールはときどきお目にかかるが、さすがにパー3の1番ホールは日本には見当たらない。ただ、英米には堂々と存在する。1番ホールからしかスタートしない全英オープン会場のロイヤルリザム＆セントアンズの1番もパー3。206ヤード（パー3）に距離が伸びた01年からは、スタート間隔がそれまでの10分では消化できずに、11分に変更。おかげで予選ラウンドの第1組のスタート時間が20分早くなって、6時40分から、最終は16時20分という長丁場になった。全英オープンのスタート時間を変更してしまうほど、ロイヤルリザムの1番は堂々と存在しているということで、設計者の自己主張と、受け入れ側の寛容さが感じられる。

芥屋ゴルフ倶楽部（福岡）18th 501Yards Par5 クラブハウスに向かって前方がひらけていく豪快なパー5。ハードヒッターは2オンも可能だが、グリーン手前は4個のガードバンカーがひかえる。赤星四郎の最高傑作といわれ、「KBC オーガスタトーナメント」で知られる。

ロイヤルリザム＆セントアンズ（イングランド）1st 206Yards Par3 オープニングホールがパー3の珍しい全英オープン開催コース。距離のある1番パー3と2番、さらに3番に続く距離のある2つのパー4がつづく。1886年の開場。1919年にはハリー・コルトが改造。

グリーン①

仕掛けられた錯覚という罠

パッティングの名手があげるNo.1グリーン

あの独特のパッティングフォームから難しいパットをことごとく決めて、ジャック・ニクラスを最後まで追い詰めた1980年の全米オープン以来、青木功のパットのうまさは、世界中に知れ渡ったが、それでもパットの名手というと、どうしてもベン・クレンショウの名前が先に出てくる。そのクレンショウが全米ツアーのおこなわれるコースで、ロサンゼルスのリビエラCCのグリーンがNo.1といっているのを何度も聞いた。その理由は、どちらに曲がるかわからないからだという。リビエラには唯一、6番ホールに2メートルの段差がグリーン中央のバンカーで仕切られているという特殊な形状のグリーンがあるものの、全体としては、ポテトチップのようなアンジュレーションがあるわけでもなく、どちらかというと見た目にはおとなしい感じにもかかわらず、名手からの高評価は興味深い。

リビエラは太平洋に近く、渓谷に似た崖に挟まれ、東から西へ延びる細長い地形にあり、海に向かってほんの少し傾斜がついているのが秘密だという。あまりにわずかな勾配のために、目には見えてこない。人間には平衡感覚という能力があり、少しの傾斜に対しては体が自然に反応して地面に直角に立ってしまうという習性があるのだそうだ。

チャンピオンシップスタンダードの速いグリーンでは3％以上の傾斜地にはカップは切れないから、2％前後が勝負となる。わずかな傾斜に気が付かず、1％でも体が傾いていたら、それこそ的には当たらない。選手は、それがわかっていてもなかなか思いどおりには打てないという。グリーン上でグリーンの傾斜を考えるとき、というよりも、設計者にとってグリーンを造るときに、グリーン面に錯覚という要素をどれだけうまく取り込めるかが、グリーンの良し悪しを決めるいちばん大事なポイントになるのだと私は思っている。

見た目に気が付かない2～3％の傾斜

実は日本にも、そのいい例が存在する。日光ＣＣ（栃木）は大谷川(だいやがわ)の河川敷近くにあるが、松林と土手で実際の川の流れは見えない。クラブハウスから小さな流れの上に架かる橋を渡ると右が１番で左が10番。お互いに背を向けてまっすぐに延びている。

ここでわずかな勾配があることに気付かないと、ひどい目に合うことになる。コースのいちばん高い所は上流の7番ティー。いちばん低い所は12番のグリーンで、この2点間の高低差は実に54メートルあるのだというが、いわれてもピンとこない。同時にこの2地点は、約2~3キロ程離れているというから、平均すると1・8%の勾配……。グリーンの傾斜が3%だとしても、その半分以上自分自身が傾いていたら、パットが入ると思うほうが間違いで、自分でゴルフを難しくしていることになる。よく聞く話だが、那須GC（栃木）の1番ホールはかなりの打ち下ろしで、グリーンが相当〝受けて〟いるように見えるから第2打は安心して打てるのだが、そのまま手前からロングパットが当たり前のようにグリーンをオーバーすることがある。よく見ると、全然〝受けて〟いないことに気が付くという。グリーンに向かって歩いていくときに、体が下り傾斜に適応してほんの少し前傾していることに気が付かないと、そのほんの少しの傾きが錯覚に変わってしまう一例である。一方、逆に傾斜を上りきったところにあるグリーンでは、平らに見える手前から奥に向かうパットが意外に重く、ショートすることが多いのはこのためで、傾斜を上ってきた感覚がまだ体の平衡感覚のなかに残っていて、それが錯覚を呼んでしまうことにほかならない。

　最近、ワングリーン化を含むグリーンの改造が進むが、ただ、2~3%の傾斜に錯覚が入り混じっているだけで、おもしろいグリーンになるはずだ。

リビエラカントリークラブ（カリフォルニア州）ベン・クレンショウがグリーンの難度が高いとして挙げるコース。写真の６番（169Yards Par3）は特別なグリーン形状だが、他は普通に見えて、ごくわずかな勾配をつけることでプレーヤーの平衡感覚をだましにかかる。

パットの名手として知られるベン・クレンショウいわく、「オーガスタのように強いスロープがある訳ではないのに、ストレートなラインは一カ所もない。非常にデリケートなのがリビエラだ」。

グリーン②

日本独自のアイデアで生まれた2グリーン

2グリーンが誕生した背景

パインバレーの9番ホールに、予備のグリーンが存在することは欧米ではよく知られていた。ただこれは、あくまでも春先にメイングリーンの生育が難しいために、倶楽部がしかたなくそのホールに限って造ったものだ（その後、同じ理由で8番ホールも予備のグリーンが造られ現在に至る）。18ホール全部に予備グリーンが造られているのは、ゴルフ場造成で影響のあった韓国や台湾の古いコースに多少見られるものの、基本的には、日本だけにしかない特殊な形態であるといってよい。もちろん、日本でも昭和の初期、1920年代までに造られたコースはワングリーンで、それも土着の高麗芝が使われている。

洋芝が入ってきたのは31年、東京GCが朝霞に移る際にチャールズ・H・アリソンを招いて計画したのが初めてのようで、残念ながら、日本の高温多湿に耐えられず長続きしなかった。洋芝は寒冷地に生育する種類のため、当時の日本の管理技術レベルとノウハウでは夏の維持管理は不可能で、それでも、努力と工夫に長けた日本人は、冬場にすばらしいターフに仕上がる洋芝のグリーンを、高麗芝の本グリーンの横に造るという大胆な発想で、「一期一会」を完成させてしまった。日本独自のアイデアである。どうも書物によると、霞ヶ関CC（埼玉）が最初にはじめたらしいのだが、この傾向は関東周辺のコースがほとんど追随している。戦後になってゴルフ場の造成が活発になったのはカナダカップ開催（57年）がきっかけで、このとき、霞ヶ関CCの東コースは、横にベント芝のサブグリーンを従えた高麗芝のグリーンで試合をおこなっている。高麗芝に慣れていたためか、中村寅吉、小野光一の日本が団体優勝。個人も中村が大差をつけた。高麗芝といい、2グリーンといい、初物づくしでサム・スニードもゲーリー・プレーヤーもさぞ驚いたことだろう。

歴史の賜物であり〝特殊〟なものだった

カナダカップから始まったゴルフ場造成ブームはほとんどがこのパターン。ただ、相模CCと鷹之台CCは以前からの逆パターンで、ベントの本グリーンに高麗のサブグリーンを守っていた記憶がある。当時の流れで設計者は、誰もが2グリーンを設計のパターンとせざるを得なかったようだが、最後までワングリーンにこだわっていたのが小寺酉二で軽井沢GC、相模原GC東コース、狭山GCと続けたあと、嵐山CCで力尽きた。

ただ、世界でも珍しい2グリーンも、季節によって状態のよいグリーンを選択してゴルファーに提供するという趣旨はわからないでもないが、昭和50年代（75年〜）になってベント芝の管理技術が進歩して、高麗芝の代わりにベントの2グリーンといわれると少々考えさせられる。

15年ほど前の話だが、日本海側にあるコースを訪れたときのこと。私の目にはすばらしいレイアウトがバランスよく収まり、こんな所にこんな傑作が……と思わずうれしくなったのだが、倶楽部の役員によると、近隣のコースが皆2グリーンだったので、もともとワングリーンのコースをつい最近、改造したとの説明を聞いて驚いてしまったことを覚えている。コースのロケーションや海抜を考えると、少なくとも4カ月はクローズするはず。どうしてサブグリーンが必要なのかわからず、いろいろな事情があるものだと落胆したものだ。もし、このコースがワングリーンのままだったら、私なら、日本のベストコースの上位にランクしてもいいと思ったほどなのに……。

ゴルフは的当て競技。日本のゴルフコースの歴史の賜物なのだから、私は2グリーンが悪いとはいわないが、少なくとも日本だけの特殊な物という認識は持っていなくてはいけないと思う

鷹之台カンツリー倶楽部 風向きの違いから、2つのグリーンの間を狙うのが安全策といわれる 3rd 186Yars（ベント）163Yards（高麗）Par 3。ベントの本グリーンに高麗のサブグリーン。

2グリーンのヤーデージ看板は、相模原ゴルフクラブ東コースの12th（657Yards／631Yards）Par5。「距離が長く、大きなワングリーンの本格的コース」として小寺酉二が設計し、1963年村上義一により2グリーンに改造された。

グリーン③

コース全体に影響するグリーン改造

相次いで始まったワングリーン化

日本の経済は、バブル崩壊からほぼ10年たった2000年前後が底だといわれたが、ゴルフ界もその影響大で、何百というクラブが営業継続不能に陥り、アメリカ系のファンドグループを中心に営業権、所有権の移譲がみられ、大混乱だったといっていい。

ところが振り返ってみると、ちょうどこのころから古いクラブのコース改造が始まっている。第2コースの感があった霞ヶ関CC西コースが高麗の本グリーンをベントに変え、距離も延ばして7000ヤードクラスの仲間入りをしたのは1993年だが、本来の目的であるワングリーンにするのに7年かかった。

ただ、その後、日本オープン選手権（06年）と、松山英樹がマスターズの出場権を獲得し、世界飛躍への足がかりになったアジアアマチュア選手権（10年）も開催して存在価値を高めている。

関西の茨木CCも、オープンしたのが大正時代の東コースをベントに変えて評判を上げたあと、引き続き西コースの改修に取りかかる。96年の日本オープン選手権に先駆けた改修の評判がいまひとつだったようで、リース・ジョーンズにワングリーン化を依頼。スケールの大きなコースが完成している。

我孫子GCも長い間の熟考の末、ワングリーン化を決断して話題を集めた。

2グリーンからワングリーン化の改造工事は、2000年代に入り、各地で実施されている。横浜CC東コース、広島CC西条コースと八本松コース、西宮CC（兵庫）、岐阜関CC東コース（岐阜）等のほか、奈良国際GCは、毎年数ホールずつの工事でじっくり時間をかけて完成させた。

また、千葉CCの梅郷、川間、野田コースは、単にグリーン周辺だけでなく、周囲が住宅地ゆえのボールの打ち出し、それに距離および難易度の高いパー3で数組たまってしまうプレー速度の問題にまで手を伸ばした大改造である。特に川間コースでは、それまで打ち出しの危険が3ホールにわたって問題視されていたものを、レイアウト変更、ティーの向き、移植等で改修、外部からのクレームはまったくなくなったとの由。岐阜関CCは、ワングリーン化と同時に1番ホールと18番ホールを入れ替えるという大手術を行った。その効果か、日本オープン選手権（17年）の最終ホールではワンストロークの攻防が見られた。

ベントか、高麗か、気候も考慮した芝の選定

ワングリーンの廣野GCと愛知CCは、ずっと高麗芝を守ってきたが、メンテナンス技術の進歩と夏季対策等を確認したうえで、ベント芝への変更に踏み切った。興味のあるところでは、鳴尾GC、芥屋GC（福岡）、川奈ホテルGC、宮崎CC、大阪GC、門司GC（福岡）等は周りの騒ぎに動じず、ずっと高麗芝を守り続け、今後もベントに移行する考えはないという。地球温暖化がもっぱらの話題で、高温下では管理の比較的容易な高麗芝が、米ツアー選手権会場のイーストレイクGC（ジョージア州）や、同じアトランタのピーチツリーGC等の名門コースのフェイアウェイに採用されていることを見ると、夏冬を通じてしっかりと管理された高麗グリーンは、温暖化対策の一環として考えていいのかもしれない。

ここ5年程での話題はやはり、東京オリンピック開催を前に改修した霞ヶ関CC東コース。外国人に設計を依頼しこれまでのイメージを一新させた。評価については大会を待ちたいが、同時に日本でも特に高温多湿の8月第一週に、どんなコンディションに持っていけるか興味の的だ。日本オープン選手権を開催した横浜CC西コースも様相を一新した。ビル・クーア&ベン・クレンショウ設計の出き栄えに注目が集まった。従来の2グリーンのままだが、紫CCすみれコース（千葉）も、グリーン改造で日本オープンを迎えた。

霞ヶ関カンツリー倶楽部東コース 16Th 203Yards Par3
2016年トム・ファジオ＆ローガン・ファジオ改造の際に、ワングリーン化された（上の写真は2グリーン時代の16番）。

グリーン④

ワングリーン化で問われるメンテナンス力

天候に左右される日本のコースコンディション

尾崎将司が優勝の決まる70センチのパットを、2度も仕切り直した有名な東京GCの日本オープンは1988年。ちょうどあの頃は、日本中がゴルフ場造成ブームで、ベントグリーン用のペンクロス種が品不足になったほど。日本オープン開催に向け、前年にグリーンの改造工事をおこなっていた際に運悪く偽物——といっても1年古い種——をつかまされたという。開催に向けて回復を図ったが、その夏は日照りが数日間しかないという記録的な悪天候に見舞われ芝が育たない。しかたなく、砂で固めたグリーンで日本オープンを迎えざるをえなかった。ところが、試合はジャンボ尾崎、青木功、中嶋常幸がワンストロークをめぐる史上まれな好試合で、名門、東京GCの名を不動のものとした。

日本オープンだけの歴史を見ても、完璧なコースの状態で迎えられたのは数えるほどしかない。運不運は常につきまとう。台風で強風に見舞われ、優勝スコアが10オーバーを超えた99年の小樽CC（北海道）、台風直撃の2013年の茨城GC東コース、日本女子オープンでは01年の室蘭GC（北海道）、逆にコンディションが完璧に仕上がり過ぎて、予想に反してアンダーパーが38人も出た17年の我孫子GCなど、数えたらきりがない。

18年の夏は異常気象といわれ、その暑さはひどかった。暑さにやられたグリーンは全国でも多数見られたが、いちばん影響を受けたのは改造直後で日本オープンを開催した横浜CC西コースだったかもしれない。改造前から評判だったビル・クーア＆ベン・クレンショウによる大改造で、各ホールの様相もずいぶん変わった。ただ、グリーン芝についてはいちばん大事な時期が猛暑だったためか、日本オープンに向かっての調整が相当難しかったのではなかっただろうか。テレビも映し方を苦労している面が見られた。1年開催がずれていたらという思いが主催倶楽部にはあったに違いない。

春先が勝負のベント芝の生育

高温多湿の日本の夏はベント種のグリーンにとっては永遠の課題で、温暖化による高温と集中豪雨は、特に近年の大問題になりつつある。例年、真夏の猛暑にグリーンをやられたという話はよく聞く。ベント種はもともと寒冷地に育つ芝の種類で、日本の高温多湿、特に25度以下に下がらない夜間の気温が厳しすぎることが、日本で、世界基準では異質の2グリーンのコースが生まれた理由で、近年のメンテナンス技術の向上が、各地でワングリーン化を促進してきた。ただ、それでも失敗というのは水不足という理由がつけられていることが多いのだが、実際は反対のケースがほとんどだといわれている。

グリーンのベント芝の生育をはじめる春先は、水を撒くほど芝は吸ってくれるが、その分、自分の根で地中の水分を取りにいく――すなわち、根を伸ばす必要がない。暑くなるにつれ、芝はより多くの水分を要求するから、気温上昇に伴って散水量は増えるが、根が地中深くまで伸びないうちに盛夏を迎えると、過湿になるのは目に見えている。そして、熱帯夜で水分は温まる。温水過多で寒冷地のベント芝が正常に育つはずがない。だから勝負は春先に、いかに散水量を最小限にして、自力で地中の水分を根で吸収できるように育てられるか否かにかかっている。芝は言葉をしゃべらないから、キーパーが目で見て判断してやるしかない。だから、実はギリギリの勝負なのである。どんなにコースがよくても、伝統のある名門コースだとしても、メンテナンスのレベルいかんではマイナスファクターになってしまうのだ。

横浜カントリークラブ西コース　2016年ビル・クーア、ベン・クレンショー改造。ワングリーン化が完成。ダイナミックな世界基準のコースに生まれ変わった。

1988年、ジャンボ、青木、中嶋のワンストロークをめぐる史上まれな展開の日本オープン（東京ゴルフ倶楽部）。多くの感動を呼び、名門の名を不動のものとした。

ティーイングエリア

〝秘密の仕掛け〟

長方形が一直線に並んだティーイングエリア

ティーイングエリアの造り方は、伝統的に日本では教科書どおり、ひな型に忠実に造られてきた。特に昭和30、40年代に造られたコースはどこへ行っても同じ、しかもバックティーからフロントティーまでの一連のつながりもほぼ一様だから、皆ティーイングエリアとはそういうものだと思い込んでいた節がある。

それぞれのティーの裾の部分は45度ほどの傾斜がついているものの、昔の弁当箱を逆に伏せた型で、バック、レギュラー、フロントと一様にフェアウェイ方向に向かって一直線に並び、バックティーがいちばん高い。45度の傾斜は金属スパイクで歩くと芝が痛むから、階段を設け、入り口以外は上り下りしないよう植え込みで囲む。表面排水を処理しやすいように、ティー前方から後方に向かって22%の勾配が設けられているのは、同時に、プレーヤーにとってティーショットは左足上がりのライとなり、アベレージゴルファーに多いスライスボールが出にくくなるという説も。

私は30歳を過ぎたころから海外に出る機会が増え、事情の許す限りゴルフバッグを持参して、名門コースといわずとも、多くのコースでプレーしたことで、ゴルフコースに関しての知識を大いに増やすことができたと思っている。

石垣が隣接しているセントアンドリュース・オールドコースや、外周の道路との境界を区切っているコロニアル（テキサス州）などのほかに、ティーイングエリアが植え込みなどで囲まれている例はあまり思い出せない。

それよりも、各ティーは別に一律長方形が一直線上に並んでいるわけではなく、思い思いの場所や高さに自然に置かれているから、各ティーからはフェアウェイやその周辺が一望できる。日本のコースでは、いくつかの名門といわれるコースも含めて、バックティーからはフロントティーが邪魔をして、フェアウェイ方向や、そのたたずまいが一望できないケースが散見することは残念でならない。

上級者の本当の実力を試す「カモフラージュ工法」

サンフランシスコ在住の友人がメンバーのため、カリフォルニアGCにはそれこそ訪れるたびに何度も連れて行ってもらった。当時は若く、まだゴルフもそこそこできたので、難コースへのチャレンジが楽しみで仕方なかったのだが、終盤に距離の長い難関があり、ティーショットを左に曲げては失敗することが多かった。飛ばそうと思って力が入るせいだと思っていたが、ある時、バックティーの勾配だけがつま先上がりに造られていることに気付いた。通常つま先上がりのライは、ヘッドが返りやすく目標より左へ飛ぶことが多い。それに少々力が入れば、左サイドの林や谷へと向かうのはほぼ必然。おそらく、目の前に無造作に置かれているマウンドに目がごまかされて、ずっと気付かずにいたのだ。実は、これはカモフラージュ工法といわれて、あのアリスター・マッケンジーが得意とする工法。オーガスタナショナルには随所に盛り込まれているという。バックティーからプレーするのは上級者、それならば、そのくらいの小さな変化でも見逃すことなく、しっかりプレーしろということなのだろう。目が覚めた。白状すると、その後の私の設計するコースでは、バックティーに限って、このデザインを取り込んでいるから、まず疑ってかかってほしい。

近年ではティーイングエリアを取り囲んでいる植え込みはだいぶ取り払われて、あまり目にしなくなった。結果、風通しが確保され、日照時間が長くなり、刈り込み作業も楽になって以前よりもずっとコンディションがよくなっている。

ティーイングエリアのデザインを楽しむ一策として、時間があったらティー位置から右や左に足を運んで、フェアウェイ方向を見通してみてほしい。もしかすると、すばらしい角度の光景が隠れていて、新しい発見があるかもしれない。

各ティーが自然に、思い思いの場所や高さに置かれているため違和感がない（ウエントワース：写真上)。いわゆる日本の伝統的なティーイングエリア(写真下)とは趣が違う。

カモフラージュ工法があらゆるところにちりばめられているといわれるオーガスタの18番ティーイングエリア。

バンカー①

コースの良し悪しを左右する存在感

自然発生したバンカーがさまざまな形に変化

スコットランドの海岸線に続く穏やかな砂丘がゴルフコースの原点で、羊や野ウサギが強風を避けてくぼ地に身を隠した跡が、次第に草がなくなって砂地が露出してバンカーになったという説は信ぴょう性が高い。その後、何百年にわたってゴルフコースが建設され、それこそバンカーのないゴルフコースは世界中を見渡してもおそらく見当たらないであろうところをみると、ゴルフコースを設計するうえで、バンカーの果たす役割はあまりにも大きくなった。初めは別に計画されたものではなく、自然発生した偶然の産物だったものが、それこそ出世したものである。事実、バンカーの姿、形、大きさなどなど、一括してバンカリングの出来、不出来によって、ゴルフコース自体が他と比較され、コースの良し悪しの判定にまで影響を与えてしまうといっても言い過ぎではない。コース設計の分野が確立されてから、少なくとも150年間にわたって、ゴルフコースの設計書はコースをおもしろくするため、難しくするため、そして美しく見せるために、バンカーの造り方をいろいろ工夫してきたはずである。だから、ただバンカーと処理せず、姿や形を少し詳しく観察してみると、いろいろな事実が隠されていておもしろい。

全英オープン開催コースの垂直壁バンカー

自然発生説の原点といわれるセントアンドリュース・オールドコースのバンカーは、日本のバンカーのスタンダードでみると、難しいだけでなく、アンフェアに思うものが多々あるが、原点だからだれも文句をいえない。ほとんどバンカーが垂直の壁で、ご丁寧に芝生のブロックを重ねて造ってある。ティーからはまったく見えない場所にあり、しかも入ってしまったら横や、運が悪いと後ろに出すのが精一杯。また14番のヘルバンカーは、深さが背丈の倍はあるといっても過言ではない。いちばん有名なのが、17番グリーン左手前のロードバンカー。グリーンの入口側のスロープがバンカーに向かって傾斜しているので、ほとんどのボールが吸い込まれる。1978年の全英オープンで上位にいた中嶋常幸が、2オンのあとのファーストパットの打ち出し方向を間違えてこのバンカーに入れ、4打を費やして9をたたき、脱出した話はあまりにも有名だし、5年ごとに開催される全英オープンの前には、バンカーの壁が必ず修正される。全英オープン開催コースは、総じてバンカーの壁は垂直に造られていると思ってよく、戦略的な配置であるばかりでなく、悪いショットを罰するペナルティの意味が強い。不思議なことに、この芝のブロックを積み重ね、壁を垂直に造るバンカーが日本ではほとんど見られない。難しすぎて日本のゴルファーにはなじまないためか……。

アメリカで流行の〝ギザギザ〟タイプ

垂直の壁とは別に、バンカーの縁がギザギザで草に覆われ、自然な昔の雰囲気を出そうとしているタイプが最近、また流行っているようだ。アメリカで話題になっている、スコットランドのシーサイドリンクスを模したコースは、垂直の壁ではなく、ほとんどがこのタイプ。事実、ボビー・ジョーンズが活躍していたころの写真を見ると、この姿、形が圧倒的に多い。外国人の設計家が改造した日本のある名門コースも、このスタイルだが、2グリーンの片方がこのスタイルで、もう一方が従来どおりのオーガスタに似たノッペリ型で、毎ホール左右に並んでいると、感想を求められても何ともいいづらい。ただ、初めはギザギザで自然風に造っていても、乗用で砂を慣らし、縁をカッターでそろえる管理方法が続くと、そのうちに原形が崩れ、バンカーの縁がきれいな曲線に変わっていってしまうようだ。

セントアンドリュースオールドコース　ダンヒルカップのセッティング風景。芝が積まれたバンカーの壁の淵を刈り込む様子。特に全英オープン前には修正に余念がないという。

チェンバーズベイゴルフコース（ワシントン州）2015年全米オープン開催コース。流行の〝ギザギザ〟バンカーでスコットランドのシーサイドリンクスを模している。

バンカー②

物語を生み出してきた世界有数のバンカーたち

形と役目を兼ね備えるバンカーの存在

全米オープン開催コースとしても知られるオークモントCC（ペンシルベニア州）には210のバンカーがある。以前は220といわれていたから、10個減ったことになるが、これは誤差の範囲でたいしたことではない。ただ、オークモントというと、決まって〝CHURCH PEWS〟（教会のイス）と名の付いたバンカーが写真で紹介される。3番と4番のフェアウェイを仕切っている、おそらく100ヤードを超える長さのバンカーで、内側には12本のかまぼこ状のラフが等間隔に並んでいるのがニックネームの由来だ。このバンカーは、ただ、形が変わっているだけではなく、両ホールとともにティーショットを難しくしていて、十分に存在価値が高いから、オークモントのシグネチャーとしてふさわしい。

名門と呼ばれるコースには必ずといっていいほど、形と役目を兼ね備えているバンカーが存在する。シネコックヒルズ（ニューヨーク州）の7番、リビエラ（カリフォルニア州）の10番グリーン手前のバンカーなど、形も美しいし、同時にツアープロを悩ませ、そして苦しめる。

ペブルビーチ（カリフォルニア州）もティーからグリーンまで左側が全部太平洋の18番パー5があまりにも有名だが、実はグリーン手前のバンカーが大きな役割を果たしている。ボールが飛ぶようになった最近では、2打で楽々届く距離だが、グリーンへの入口が海岸側で、しかも左に傾いていて容易には2オンを許さない。全米アマ、全米オープン、ビング・クロスビー・プロアマ（現AT&Tペブルビーチ・ナショナルプロアマ）など、ペブルビーチで何十試合もプレーしたジャック・ニクラスが、作戦上、一度も2オンをねらわなかったことは有名な話で、それもこのバンカーの存在にある。予選落ちが決まっていた2000年最後の全米オープンで、60歳のニクラスが2オンさせ、3パットでファンに別れを告げたことも、このホールにまつわる物語に付け加えられている。

日本における名門コースのバンカー物語

日本の名門にも物語のあるバンカーが存在する。東京GCの16番、フェアウェイ右のバンカーはバックティーから250ヤード。プロにとっては考える距離に口を開ける。1958年、カナダカップの翌年、ジャック・バークとケン・ヴェンチュリが来日した。当時、売出し中のヴェンチュリがバンカー越えをねらった初日、2日目で3ストロークを失い、結局バークと優勝タイに終わり「あのバンカーは見た目より近く見える。やられた……」というセリフを残して帰国した。88年の日本オープンは、尾崎将司、青木功、中嶋常幸の三つ巴。一歩リードした中嶋がこのバンカー越えをねらい、会心のティーショット。ただバンカーは越えたが、僅かに深いラフにつかまり、トリプルボギーで万事休す。最終ホール、70センチのパットを2度仕切り直した尾崎の優勝……。このバンカーは現在でもまったく変わらず、ティーから見ると美しいが恐ろしく見える。

相模CCの18番にはフェアウェイ左サイド3分の2をガードする山のようなバンカーがあり、大きな口を開けている。ロングヒッターの山越えを誘うのだが、昔は越える者はほとんどいなかったそうで、1959年の日本アマに優勝した中部一次郎氏が、当時進駐軍の大男たちを次々と破って優勝できたのは「あのバンカーのおかげだよ」と語ってくれたことを思い出す。ティーから見るバンカーの姿は雄大で、遠景に見える平屋の和風クラブハウスと重なって「さあ来い。越えてみろ!」といっているようにさえ見える。

ペブルビーチゴルフリンクス（カリフォルニア州）18th 543 Yards Par5 2打で届く距離だが、グリーン手前の大きなバンカーが効いている。グリーン入口となる海岸側は左に傾斜。簡単には2オンを許さないセッティングだ。近年、道具の進化でバンカーが効かなくなっているのも事実。

オークモントカントリークラブ（ペンシルベニア州）『チャーチピューズ（教会のイス）』の異名のついたバンカーが有名。米・ゴルフ雑誌2誌による全米ベスト100のトップ10位内にランキングされるコース。

スタートホール

コース設計で大事な1番ホールの在り方

〝恐怖感〟を与える川奈のスターティングホール

川奈ホテルGC富士コースの1番ホールは、豪快な打ち下ろしのパー4で、正面には朝日にキラキラ光った太平洋が一望できる。

実は最近、アメリカで何十年ぶりかでR・H・サイクスに会って川奈で開催された1962年の世界アマの話になった。サイクスは、プロとしては大成できなかったが、当時売り出し中のアマチュアで、ぶっちぎりで優勝したアメリカチームの一員として、川奈での一週間は一生の思い出だと懐かしそうに語ってくれた。そのなかでも強く印象に残ったのが、富士コースの1番ホールとのこと。4日間とも〝用意ドン〟のティーショットが恐くてしかたがなく、50年以上経過した現在でも、その感覚ははっきりと覚えているという。スタート前は隣のコース（大島コースのこと）で練習をしたが、1番ティーに立つと、27メートル下のフェアウェイが狭く見えて変に落ち着かず、どうしても思い切ったスウィングができなかったそうだ。1番ホールとして、あんなに記憶に残るホールはないと何度も繰り返していた。

スターティングホールの役目は、プレーヤーにのびのびとスタートさせてあげるというコンセプトがあり、私もその考えに賛成だから、フェアウェイは広く取り、バンカーも最小限に抑えてデザインすることが多い。ゴルフコースというよりはサッカー場を横に並べたほど広いセントアンドリュースのオールドコースの1番は別格としても、総じてスターティングホールは、比較的穏やかに始まるコースが多い気がする。

ただ、30年ほど前に、ピート・ダイの傑作と評判のオークツリーナショナル（オクラホマ州）に行ったときに、1番ホールの狭さにびっくりしたら、本人がすました顔で「スタート前に練習場でしっかり打ち込めばいいんだよ」と。まあ、あの見渡す限りの立派な練習場が隣にあれば、それもいえるかもしれない。ところが、2014年の全米シニアオープンのレフェリーとして久しぶりに訪れたら、アウトとインが入れ代わっていたが、どんな理由なのか興味があるところだ。

ところで、川奈はずっと男子・女子のプロツアーを開催しているが、ギャラリーとテレビの都合とかで、実はふだんとはワンホールずらして運営している。したがって、50年以上もあのサイクスが恐怖感を覚え、強く印象に残っている1番ホールが、実は大会では2番となる。すでにワンホールをプレーした選手にとっては、もう恐怖感は薄れ、おそらくただの打ち下ろしのパー4になっているはず。大会運営のための諸要件はあるにしろ、私は、川奈は本来のホール順で選手を試してほしかった。地形を最大限に生かした27メートル、打ち下ろしの恐怖感をあえてスターティングホールとして表現しているのだから……。

1番ホールにのぞく設計者の意図

スターティングホールのティーショットの恐怖感は、鳴尾GCの1番でも体験できる。おそらく、100ヤード少々しかないはずだが、逃げ道のない池越えで、断崖状の対岸を越えた落下地点のフェアウェイは見えない。しかも、ティーの直前から大きく深い池が眼下に広がる。その日の第一打からミスしてはいけないという緊張感は、上級者にとっても高いはずで、変化に富んだ鳴尾の18ホールの縮図が、このスターティングホールの第1打に込められているといっても過言ではない。私は以前、日本のベスト18ホールの1番ホールにこの鳴尾の1番を選んだことを覚えている。

たとえ、穏やかにスタートさせる作風の1番ホールでも、フェアウェイの広さや傾斜、バンカーの配置等、設計者の意図でその表現方法は千差万別。地形の特徴を加えて緊張感も盛り込める。1番ティーで作者の意図を想像してみることもおもしろい。

川奈ホテル富士コース 1st 415Yards Par4 正面に太平洋を見下ろすスターティングホール。27メートルの打ち下ろしのホール試合でも１番として使用してみて欲しい。

鳴尾ゴルフ倶楽部 1st 393Yard Par4 著者がスターティングホールのナンバー１に挙げるならここ。池越えのパー４は右の松林を避け、２打目はグリーン左の斜面に注意が必要だ

短いパー4

短いパー4に隠されているコース設計の妙

「いかに止めるか」が重要なポイント

最近の米ツアーでよく見るようになったが、短いパー4ホールで、ワンオンをねらわせるコースセッティングが流行している。近頃の道具とボールの飛び方からいって、300ヤードから350ヤードほどの飛距離にセットされる。うまく打てればワンオンのチャンス、ピンの位置によってはイーグルもある。ただ、思ったラインにボールが飛ばないと、池につかまったりスロープに持っていかれたりして、大ピンチになりかねない。松山英樹が2度優勝したTPCスコッツデール（アリゾナ州）の17番はその典型で、ティーショットの当たりが一筋違うだけで3打が5打になる。

失敗を繰り返して勝てなかったリッキー・ファウラーが、2019年やっとのことでこのホールを克服してウェイストマネジメント フェニックスオープン優勝に結びつけたのは、とてもわかりやすい例だった。2打差でリードしていたファウラーのティーショットは完璧。グリーンを縦に突き抜けて後方の池にボールを落とし、松山に追いつかれた末、プレーオフで敗れた2016年は当時、少々不運と思わないでもなかったが、飛ばないように打つのも技術のうちという考えは、十分にありえる。ゴルフはいかにボールを飛ばすかではなく、どうやって自分の思った所にボールを止めるかのゲームであることは、レベルが上がるほど重要なポイントになる。

ロサンゼルスにあるリビエラCCの10番ホールは昔から、その役割を担ってきた。距離は315ヤード、5メートルほどの打ち下ろしで、普通に打てればグリーンのそばまでは誰でも打てるのだが、問題はそこからの第2打。簡単にいうと、そのホールを裏から攻めるのと同じことになる。グリーンは横長の砲台で、前面は全部バンカー。グリーンへの入り口は左サイドにあるのだが、グリーン面の傾斜もスロープもすべて逆で、どんなにうまく打っても30ヤードや50ヤードからでは十分なスピンが効かず、グリーン上にボールが止まる気配はない。

ティーショットはレイアップして、第2打で100ヤードを残すのがいちばん無難であり、かつ安全な攻め方だといわれていたのだが、最近の飛距離の増大で、ひと昔前の安全策が通用しなくなった。以前は3番アイアンで打てば残り100ヤードであったものが、最近の飛ぶアイアン、飛ぶボールだとグリーンにもっと近づいてしまいスピンは期待できない。そこで若い選手を中心にドライバーで振り回すシーンが多く見られるようになっている。近くに池がなく、大たたきする心配がないからだ。

飛距離だけでは見えないコースのおもしろみ

リスクとリワードがほどほどにあって冒険したくなるような短いパー4は、最近やたらと距離を伸ばすことばかりが重宝される傾向の中では一定の清涼剤の役目を担っている。どんなに長く、難しく設計されているコースでも、こんなホールが欲しい。

もう覚えているゴルファーはごく少数だと思うが、西コースができる前の茨木CC（大阪）の1番ホールは260ヤードのパー4、現在の正面玄関からクラブハウスの辺りへ打っていく上りのホールで、上りきらないボールは坂を逆戻り、100ヤード辺りのライの悪い、ディボットの穴だらけの低地に集まってしまいがちだった。当時はスチールシャフトにパーシモンのウッドでボールは糸巻き。260ヤード、しかも上りのスターティングホールを一か八かでワンオンをねらう人はそうはいなかった。

短いが、ぴりりと辛い山椒のようなパー4は、時々お目にかかる。長くて難しいホールよりは、かえって設計の妙が隠されていることが多い。うっかり通り過ぎないで、しっかりと自分の記憶の中にとどめておくとコース設計のおもしろさがますます増える。

リビエラカントリークラブ（カリフォルニア州）10th 315Yards Par4 裏からグリーンを攻める難しい短いパー４。

TPC スコッツデール（アリゾナ州）17th 332Yards Par4 選手にはワンオンも可能な距離だが、飛ばないように打つのが正解。

茨木カンツリー倶楽部東　アリソンのアドバイスでフェアウェイの段層を緩やかなアップヒルにした昭和６年当時の 1st 260Yards Par4。戦後、西コース建設によって姿を消した、まさに〝山椒〟のようなパー４。

パー3

名コースを彩る難攻不落のパー3

ペブルビーチのシグネチャーホール

２０１９年、久しぶりに全米オープンが開催されたペブルビーチGL（カリフォルニア州）は開場が１９１９年なので、ちょうど１００周年にあたった。例の7番パー3が話題の中心だった。

太平洋に突き出た岩場の突先で１０９ヤード、しかも10メートル近い打ち下ろしだから、ピッチングウェッジのスリークォーターショットで楽に届く。ただし、無風ならばである。それにグリーンが驚くほど小さい。２５０平方メートル程度だと思うから、一般的なグリーンの半分くらいと考えればいい。例年、2月にペブルビーチプロアマが開催される。かつてはビング・クロスビー・ナショナル・プロアマと呼ばれ、30年代から行われていたプロアマ競技のはしりである。雨季の2月に比べて、6月の全米オープンが6回目と頻繁におこなわれるのは、「ナショナルオープンをパブリックコースで」というUSGAのねらいとは別に、季節の違いでコースコンディションがまったく違ったものになるからである。

6月のペブルビーチは風が強い。信じがたい話だが、歴代優勝者である72年のジャック・ニクラスは、前述の7番ホールの最終日のティーショットを7番アイアン、82年優勝のトム・ワトソンは6番アイアン。そして92年の優勝者トム・カイトは、なんと5番アイアンで打たなければならないほどの風の中でのプレーだった。

毎回の優勝者が最終ラウンドをこのようなコースコンディションでプレーするのは、それが通常の6月のペブルビーチの気候で、この小さな短いパー3ホールが、その特徴を見事に表現しているにほかならない。栄えある全米オープンの優勝を目の前にしたトーナメントリーダーが、通常の無風状態なら、ピッチングウェッジのスリークォーターで楽々届くホールを、考えに考えたあげく、6番や7番のアイアンで打つ決断とは果たしてどんなものか、考えさせられる。こんな難しい状況が提供できるからこそペブルビーチのシグネチャーホールなのであり、世界中の短いパー3のホールを代表して、そのすばらしさをアピールし続けているのである。

トーナメントの行方を左右するパー3

名コースは必ず難しいパー3が含まれているとよくいわれる。考えてみると、ロイヤルトルーンGCの8番は123ヤードで『ショーテスト』というニックネームで呼ばれる。ただグリーンの大きさは砲台の上でスモーレストと呼ばれても文句がいえないほど小さいところが難しい。73年の全英オープンでは、歴代チャンピオンのジーン・サラゼンが最後の出場を8番のホールインワンで飾ったのだが、このときのクラブが5番アイアン、これも強風の産物だ。

オーガスタナショナルも昨今、どんどん距離を延ばし、ついに7475ヤードまで延びてメジャー随一の長さだが、12番ホールの155ヤードだけは、34年の開場以来5ヤードしか延びていない。毎年のテレビ放映のおかげで、このホールが世界でいちばん有名なホールといってもよいかもしれない。また、このホールのコンディションの仕上り次第でトーナメントの結果が大きく変わるキーホールでもある。数年前のジョーダン・スピースの悲劇が記憶に新しく、改めて11番から12番、13番までの〝アーメンコーナー〟の呼び名に納得する。

短いパー3といえばTPCソーグラス（フロリダ州）の17番も忘れてはならない。たったの137ヤードだが、ツアープロがティーショットを打つ前は泣きべそをかいているように見えるほど緊張しているのがわかる。名設計家ピート・ダイが世界中に流行らせたアイランドグリーンの17番ホールは74年に始まって、今では世界中で見られる。

PGAツアーのザ・プレーヤーズチャンピオンシップの舞台、TPCソーグラスの17番。137Yの短い距離にもかかわらず、1試合約40個のボールが池ポチャ！

ロイヤルトルーンの8番。ティーイングエリアからグリーンを見ると切手くらいに小さく見えることから〝ポステージスタンプ〟と呼ばれる。

短い
パー3

名ホールたり得る条件・バランスとは

世界的に有名な名ホールの数々

ペブルビーチには、109ヤード打ち下ろしの有名な7番ホールのほかにも短いホールがある。否、あったというのが正しい。というのは、5番ホールの改造前は、山に向かって上っていく150ヤードほどの短いパー3で、左右が高い樹木に囲まれ、グリーン面が見えない油断のできないホールだったからである。ただ、4番グリーンの終わった側の海岸線の土地が売りに出たため、ペブルビーチは買いに入り、ジャック・ニクラスの設計で、右側が断崖絶壁の新ホールを造った。ケチをつけるつもりは毛頭ないのだが、あまりにもペブルビーチっぽいホールなのと、次の6番ティーまでが上りの300ヤードの長い歩きになってしまったこともあって、私は個人的に昔のグリーンの見えない上りのホールのほうが好きだった。

TPCソーグラスの133ヤードのアイランドグリーンのほか、ザ・オリンピック・

クラブ（カリフォルニア州）の15番はバックティーからでも157ヤードしかないが、左右から覆いかぶさる樹木で、上空はグリーンのサイズより狭い。先述したオーガスタナショナルの12番ホールは説明が必要ないほど有名で、マスターズトーナメント史上、語り継がれるエピソードが山ほどある。シネコックヒルズの11番は159ヤード、ただし、10メートル弱の打ち上げで、グリーン面は見えず、世界で一番短い〝パー5〟という呼ばれ方があるほどターゲットが狭い。

日本にも存在する傑作ホール

英国に目を移すと、スコットランドのシーサイドには珠玉の短いパー3がどのコースにも存在する。ロイヤルトルーンの8番はその代表といえる。ただ、そこまで進んで、さて日本ではと考えて、ピタッと止まってしまった。日本ではどこだろう……。不思議なことに、日本には傑作といえる短いパー3が少ない。特に150ヤード以下の短いホールはなかなか見つからないことがわかった。廣野GCの5番は152ヤード、池越えで四方を型のいいバンカーに囲まれて花道はない。ただ、このホールの隠し味は打ち上げのホールであること。ティー手前の谷が大きく深くて気が付きにくいが、思ったよりもかなりグリーンが高いから、しっかりとヤーデージ以上のキャリーを出さなくてはいけない。なぜならば、このホールは統計上、6割がショート、グリーンオーバーする人は1割にも満たないとか。大阪GCの14番ホールは短いパー3としては秀逸。大阪湾を右に見て谷越えの145ヤードで打ち下ろし、風がなければトッププロなら9番アイアンで打てるかもしれないが、ひとたび、西風が強くなると湾からの強風で、グリーンに止めることもおぼつかなくなる。風の向きによっては3番アイアンという記録もあったほどで、淡輪の小さな宝石と呼ばれていた。宝塚GC旧コースにも何番ホールだったか、9番アイアンで緊張して打ったことを覚えている。近々、もう一度確認しなければ……。

霞ヶ関CC西コースの16番は、長いこと148ヤードが続いていたが、何を隠そう20年前に2グリーンをワングリーンに改修する際、148ヤードのバックティーの後ろに小さな162ヤードのティーを私が造成してしまったので、短いパー3の範囲から外れてしまうかもしれないが、池越えのグリーンを前後のスロープでうまく仕切ることができ、近々の日本オープン、アジアンアマでもキーホールになっている。

川奈ホテルGC富士コースの10番は143ヤードしかないが、4メートル以上の打ち上げで、おまけに奥行きがなく、しかも見えないから、距離の調整が難しい。特に上空の風は相当フライトに影響するから、決断が難しい。いくつでもありそうな短いパー3で、しかもバランスの取れた名ホールはなかなか探せないものなのだろうか。

名手たちの歓喜と悲哀が入り混じる、オーガスタナショナルの12番。グリーン手前のクリーク上空で風が不規則に舞い、どこに落ちるかの予測が難しい。

上田治設計の日本を代表するシーサイドコース、大阪ゴルフクラブの14番145ヤード谷越えのパー3。大阪湾からの風の向きと強さが番手選びを悩ませる。

長いパー3

強い存在感を示す日本のパー3

道具の進化が与えた長いパー3への影響

パーシモンのウッドに糸巻きのボールが全盛だった頃の5番アイアンは、一律に32度のロフトにそろえられていた。しばらくして、32度がウィークロフトと呼ばれはじめ、大半が30度に変わっていった。当時はトッププロでも、170ヤードから175ヤードがせいぜいで、200ヤード以上の長いパー3では、ウッドで打つのが当たり前だったのだが、ボールとクラブの進化はもう常識の範囲を超えてしまったように私には映る。最近のスペックを見ると、5番アイアンはほとんどが24度前後で、これは昔の3番と4番アイアンの間に匹敵する。だから、欧米からのテレビ中継で570ヤードのパー5のセカンドを、4番アイアンでねらう者が多いのもうなずける。

昔はウッド専門だった長いパー3は、4番とか5番アイアンを使うから、その存在が少々変わってきているのかもしれない。私の選んだ長いパー3ホールの代表としては廣野GCの17番、鷹之台CCの15番、大洗GCの16番、霞ヶ関CC西コースの7番が挙げられる。皆220ヤード超で、アイアンで打てる者はあまり見なかった。この4つホールは各コースでシグネチャーホールと呼ばれるほどの派手な存在ではないかもしれないが、実は各コースの難しさの象徴として、どっしりとした存在感があり、ほかのホールと見事なバランスを保っていることがわかる。日本における長いパー3の代表的なホールだといっていいだろう。

実は2007年のオークモントCC(ペンシルベニア州)開催の全米オープンで、初めて250ヤード超のパー3が出現した際にレフェリーとして現場に立っていた。僅かな打ち下ろしの288ヤードで入り口はワイドオープン。なんと1番や2番アイアンで届いた選手も見られたが、アゲインストのときにはそうはいかず、話題ねらい以外はそれほどのトピックにはならなかったように記憶する。逆に、日本のロングパー3の存在感を力強く感じたことを覚えている。

コース改造によって姿を変えた名ホール

西日本にも代表的なパー3がある。古賀GC(福岡)の8番は長らく240ヤード。それに、245ヤードの小野GC(兵庫)の5番ホールも250ヤードあり、実際にその長さにはへきえきとして、選手のときにはグリーンまで届かせることで精いっぱいだったのだが、偶然、何十年もたってから試合のセッティングを担当することがあって久しぶりに訪れた。適切なピンポジションを探したが、なかなか見つからない。話を聞くとグリーン改造があり、オリジナルではないとの由。新しくなったグリーンの難度は短いホールも長いホールも同等で、今回の改造では、長いホールは広く穏やか、短いホールはターゲットを狭くシビアに、という設計の基本は少々薄らいでしまったように感じられた。

古い話で恐縮だが、私はあのアーノルド・パーマーの1番アイアンのティーショットが忘れられない。川崎国際CC（神奈川）の9番ホールのことで、当時で240ヤードの谷越え。豪快な、スケールの大きなホールで、上からたたきつけたティーショットが一度谷に沈んだあと、グングン上昇してピンそばに着弾。あんなショットがあるのかと本当に驚いた。現在はパブリックで川崎国際生田緑地ゴルフ場という名前に変わった。ホームページで見ても9番ホールはパー3のままだが、バックティーで175ヤードと書いてあるだけで、240ヤードの表示はどこにも見当たらない。あの美しくもすばらしいホールはどうなったのか。もうひとつ、どうしても触れておかなければいけないホールがある。鳴尾GCの4番207ヤードは、10メートルを超す打ち上げで、こんなホールは日本でも世界でもお目にかかれない。昔、スプーンで届いたことを覚えている。いまのプロはアイアンで？　どう攻めるのだろう。

1971年川崎国際でのパーマー。1968〜1973年の間、ロレックスゴルフトーナメント、1978年にはロレックスワールドミックスが川崎国際で行われた。

古賀ゴルフ・クラブの8番。238Yと距離はあるが平坦でグリーンは大きい。アプローチゾーンもかなり広いくなっている。クラブが進化した、いまは難しいホールではない。

パー72

“スタンダード”を考える

ベースとなったセントアンドリュース

バレーボール、卓球、バスケットボール、ボウリングなどはすべて屋内で行われる。一方、ラグビー、野球、水泳、テニス、サッカーなど屋外スポーツと思われていたものが、最近ではドームができて、室内、屋外のどちらでも可という変化が見られるものの、しょせん競技はすべて寸法の決められた競技場で行われることには変わりがない。せいぜい、土、水、芝、人工芝などグラウンド表面の違いのほかは、観客席や周りの建物が違うに過ぎない。そこへいくとゴルフは周りの環境どころか、競技場の寸法も組み合わせも全部違うから、それこそ世界中で同じものはひとつもない。それに屋外の雨や風などの自然の要素も加わるから、競技自体は複雑極まりないことになる。そこがゴルフのいちばんおもしろいところだと私は思っているし、ひたすらボールを打ってよいスコアに挑戦すること以外にも、ゴルフにはおもしろい文化がたくさん詰まっていることをぜひわかってほしいと常々考えている。

セントアンドリュースのオールドコースは開場当初はホールの数も決まっていなかったようだ。22ホールだったこともあり、それが嵐に流されていつの間にか18ホールに落ち着き、なぜか世界の決まりになった。

全英オープンに関する書物に〝レベル・アット・イーブンフォー〟という表現が出てくる。4平均に対して、イーブンという意味で、まだパーという表現が使われなかったころのことである。オールドコースは、〝ゴーイングアウト、カミングイン〟の言葉が発祥したように、行きと帰りでグリーンを共用し、右側を使ってアウト、左側がインで、またハウスに戻るというシンプルなパターンでレイアウトされていた。そのなかで、少々長めのホールがパー5になった。すなわち、右側をいく5番と隣接する逆方向の14番のことである。右ドッグレッグの7番は第2打エリアで右側から11番ホールが交差してくるが、その11番と隣接する8番が短く、その2ホールがパー3になった。したがって、オールドコースはアウト、インともにパー4が7ホールで、パー5とパー3は一つずつしかない。スコアの表現をイーブンフォーとしたのはここからきている。ただし、オールドコースで決められたこのルールがそのまま世界に影響していないのが不思議なところで、世界はパー5とパー3がアウト、インおのおの2ホールずつ入っているのがスタンダードになりつつあるからである。イーブンフォーという表現が使われなくなったのもこのためかもしれない。

パー72ではない世界の名コース

ルールのような、あるいはただのスタンダードのようなパー72も、考え方によってはそれほどの拘束力はない。バブル期のゴルフ場乱造時代、私も設計者として何度かオーナーと話が食い違うことがあった。その地形に合ったホールを追っていくと、必ずしも72にならないこともあったが、真面目な日本人はどうしてもルール破りを嫌い、パー72を守ることに固執する。仕方がないから私も意地を張らず何とか72に収めたこともあった。当時、世界ではベスト50コースのうち、31コースがパー70か71だったことがある。といっても、2年ごとに発表されるベストコースランキングで、その比率はほとんど変わっていない。ずっとトップを走るパインバレーは70だし、トップ3のサイプレスポイントクラブはアウトにパー5が3つあって37、35の72。英国の秘宝ロイヤルドーノックも70ならば、ほかにもウィングドフット、メリオン、ファイアーストーンなど堂々とパー70の名コースが名前を連ねる。何十年にもわたって全米の由緒あるアマチュアトーナメントを開催しているワナモアアセットに至っては、パー69でも全米ベスト100を守る名門として名が通っている。

DATE

SCORER

ATTEST

Hole	Back	Reg.	Par	HCP	Hole
1	421	399	4	3	1
2	368	355	4	9	2
3	198	181	3	17	3
4	451	438	4	5	4
5	238	219	3	11	5
6	394	375	4	13	6
7	636	573	5	1	7
8	326	314	4	15	8
9	458	422	4	7	9
Out	3490	3276	35		Out
10	161	142	3	18	10
11	397	385	4	10	11
12	337	328	4	14	12
13	486	442	4	4	13
14	220	187	3	16	14
15	615	574	5	2	15
16	475	434	4	8	16
17	345	339	4	12	17
18	483	425	4	6	18
In	3519	3256	35		In
Total	7009	6532	70		Tot
Rating	75.2	72.7		HANDICAP	
Slope	155	153		NET	

Each player is responsible for replacement of divots and smoothing his footprints in the sand.
A faster match must play through a slower one regardless of the number of players in either match.

COMPETITION			PLEASE INDICATE TEE USED.		SSS	RATING	SLOPE	✓
DATE	START TIME	FINISH TIME	H'CAP	STROKES REC'D	73	73.2	136	
Player A					73	72.6	134	
Player B					71	71.1	129	
Player C					76 69	75.6 69.4	139 120	
Player D					72 67	72.1 66.5	130 115	

Hole	Marker	Name	Blue Yards	White Yards	Yellow Yards	Par	S.I.	Red Yards	Green Yards	Par	S.I.	Player's Score A	B	Nett C	Points D
1		FIRST	331	331	302	4	12	266	256	4	11				
2		ORD	184	177	167	3	6	160	131	3	7				
3		EARL'S CROSS	413	413	398	4	14	389	277	4	3				
4		ACHINCHANTER	422	422	402	4	4	392	359	5	15				
5		HILTON	353	353	312	4	18	306	246	4	1				
6		WHINNY BRAE	161	161	156	3	8	137	125	3	13				
7		PIER	485	479	464	4	2	395	342	5	17				
8		DUNROBIN	434	434	389	4	16	375	364	4	5				
9		CRAIGLATH	529	529	491	5	10	435	427	5	9				
			3312	3299	3081	35		2855	2527	37					
10		FUARAN	174	146	142	3	11	132	130	3	12				
11		A'CHLACH	449	446	434	4	3	426	421	5	8				
12		SUTHERLAND	560	535	492	5	7	478	453	5	4				
13		BENTS	180	171	148	3	15	137	130	3	14				
14		FOXY	445	445	439	4	1	401	378	5	2				
15		STULAIG	360	322	300	4	17	290	284	4	16				
16		HIGH HOLE	401	401	395	4	5	387	307	5	18				
17		VALLEY	417	405	390	4	13	384	326	4	6				
18		GLENMORANGIE	456	456	446	4	9	437	380	5	10				
		IN	3442	3327	3186	35		3072	2809	39					
		OUT	3312	3299	3081	35		2855	2527	37					
		TOTAL	6754	6626	6267	70		5927	5336	76					
		STABLEFORD POINTS OR PAR RESULT							HANDICAP						
									NETT						

写真右がロイヤルドーノックのスコアカード、一番長いブルーティーは6754YでアウトS35イン35のパー70、左はパインバレーのスコアカードでバックティーは7009Yのアウトインともに35でパー70となっている。

コース
の顔

〝シグネチャーホール〟

プレーを盛り上げるコースの華

〝シグネチャーホール〟というのは、そのコースの代表的なホールのことで、美しさ、難しさを兼ね備え、戦略的にもどのレベルのプレーヤーもチャレンジしがいのあるホールだ。腕自慢のプレーヤーやコース設計に興味のある者は、スタート前から楽しみにするものだ。名門コースやランキングの上位に選ばれるコースには必ず存在し、プレーも自然に盛り上がる。欧米の名門はことさら、シグネチャーホールのプロモーションがうまい。トーナメントが開催されるたびに、そのホールの過去の出来事に焦点を当てて紹介するからギャラリーもテレビ視聴者もますます注目して評判が広まる。

日本にもそんなホールはたくさんあるのに、どうしてもプロモーションがもう一歩で、歯がゆさがある。開場時から国内最長で話題を呼んだ657ヤードの相模原GCの東コース12番、フェアウェイが2つにわかれる愛知CCの14番、霞ヶ関CC東コース10番の池越えパー3は、1957年のカナダカップではサム・スニードが、そして95年の日本オープンでは本命の尾崎将司がバンカーから、ともにダブルボギーで……等々。霞ヶ関CCはこの、80年以上続いた〝シグネチャーホール〟を改造している。

世界のさまざまなシグネチャーホール

どうしてもわからないことがある。それは、ペブルビーチの隣にあり、海岸線のホールが美しい、スパイグラスヒルGCのことである。オーシャンホールと呼ばれる2番から4番までが何といっても魅力的で、砂地の傾斜を左右逆方向に取り入れている2番と4番のパー4が、打ち下ろしの短いパー3を挟み、太平洋を一望できる景観も併せて、スパイグラスヒルを代表するホールであることは誰の目にも明らかだ。ただ、その後6番ホールからは砂丘エリアを離れ、普通の林間コースに姿を変えてなんとなく終わってしまうのは、スタート直後の感動と比べると、なんとももの足りないし、消化不良で終わってしまう。あんなすばらしい用地があるのに、設計者のロバート・トレント・ジョーンズ・Jr.は、なぜ現在のレイアウトとは逆回りにして、砂丘エリアをインの後半に使わなかったのだろうと不思議でならない。一度、機会があったら聞いてみたいと思っている。

そういえば、米国アラバマ州のショール・クリークCを設計したジャック・ニクラスが、造成中に突然考え込み、「逆回りにする」といって、設計変更を決断したという話を思い出す。
「このままでは、いいホールがアウトに集中してしまう」のが理由のようで、当時35歳のニクラスにとって初めての単独設計。彼ならではのこだわりが感じられる。
古くからハワイ随一のコースといわれたマウナケアのシグネチャーホールは、海越えの3番パー3。青木功が80年に、ニクラスと全米オープンを競ったバルタスロール（ニュージャージー州）は4番池越えのパー3がそれに当たる。54年の全米オープンを控え、クラブはロバート・トレント・ジョーンズ・Sr.に改造を託したが、池越えの4番が難しすぎるという会員からの声が挙がった。ただ、ジョーンズはオープニング当日、理事長と同組でプレー。このホール、ワンバウンドでカップに沈め、なんとホールインワン。すかさず「皆が言うほど難しくないですね……」。会員のクレームはそこで終わったそうだ
誰もが知っているシグネチャーホールは、他を見回してみると、ロイヤルトルーンのポステージスタンプと呼ばれる8番パー3、ペブルビーチも106ヤードの7番。皆、アウトのパー3なのは偶然か……。

コースを建設する前にR.T.ジョーンズSr.が「世界で一番美しいホールになる」と予言した、ハワイのマウナケアの3番272Y、海越えのパー3。

あまりにも有名な世界的シグネチャーホール、ペブルビーチの7番106Y、パー3。風によってウェッジから5番アイアンまで番手が変わる。

樹木

メモラビリティを左右し、トータルイメージを決める

〝森林〟に遮られた完全セパレートコース

戦後、日本で開催されたカナダカップ（１９５７年）での優勝がきっかけになって、ゴルフ場造成ブームがはじまった頃の会員募集の記事には決まって〝各ホール完全セパレートでフラットな７０００ヤードのチャンピオンコース〟という、うたい文句が書いてあった。不思議に思うほど、皆、右へならえで、よほどフラットなコースへの憧れがあったに違いない。

当時の工事規制は旧法と呼ばれ、森林の伐採は可、ただし、ブルドーザー等の重機で粗造成した後、用地の40パーセントのエリアに植栽をして復元緑地とする旨の規定があった。山岳地や丘陵地を削ってフラットにし、松や杉を中心に、樹高によって定められた密度にのっとって各ホール間に植えていったのだが、高額な高木よりは、低額な苗木を高い密度で植えて規則に合わせることが多かったように思う。開場当初は

低木ばかりで視界が広かったものが、20年もたつと10メートルを超え、一気に各ホールのセパレートが目立つようになり、もともと、高い密度で植えてあったため、隣のホールが見えなくなるほどに繁殖した。ホールによっては、ボールが隣接ホールに飛び出すことを防ぐために、早く大きくなるユーカリやヒマラヤ杉をホールの内側に追加植栽したことから、うたい文句どおり、各ホール完全セパレートが完成したといえる。そんなコースが50年もたつと、開場当初とは見違えるような密集した森林状態に成長する。この段階で問題が山積みになっていることに気が付く。風通しが悪く、日が当たりづらいから、フェアウェイやラフの芝の育成と維持管理が難しくなる。雪が降ると積もった雪がなかなか溶けず、その分、営業日数が減る。隣が見えずフラットなホールが続くから、ゴルフコースとしてのメモラビリティ（記憶度）は期待すべくもない。

手入れされた樹木がコースを生き生きとさせる

欧米のゴルフコースでフラットなコースは、街なかのパブリックコースが多く、ゴルフコース設計の見地からは、あまり高く評価されることはない。やはりゴルフコースは、縦、横、斜めの三次元の要素を生かし、各ホール独自の造作を加えてメモラビリティを高めてこそ、ゴルフコースとして初めて評価される。

40年、50年たった日本のゴルフコースでこのところ、林帯の間伐や伐採が目立つようになってきた。「木は切るものではない」という固定観念があったのかもしれないが、風通し、日当たりなどの悪条件が、芝の育成にとっての限界にきていたことは間違いない。植物は正直なもので、条件をよくしてやると、一気に生育状況が変わり、数年のうちに見違えるように生き生きと育ってくれる。副産物として、隣のホールが見えるようになったことで、それまで気が付かなかったコースのよさが見えてきたと喜んでいると、あるメンバーの話を聞いたばかりである。これまで、あまりはっきりホールを思い出せなかったものが、最近ではホール番号を聞いたとたんに全体が浮かび上がってくるようになったそうだ。これこそがメモラビリティで、そのコースのトータルイメージを決める。偉い先生の設計で生まれたコースは、往々にして、その設計者の作風を大事にしすぎて開場してから何十年もの間、まったくコースに手を掛けずにそのままにしているケースが見られる。だが、その設計者の作風はオープン当時のもので、何十年後かは当然変わってくるはず。ゴルフコースは生き物だから、常に気配りを忘れずに、要所要所の改良工事、改修工事は必要で、そんな積み重ねがあって初めて、その設計者の評価が高くなる。そのままにしていては後退しかない。そんな点にも気を配りながらプレーをすると、そのコースの良い点やそれまで見えなかった所に気が付いて、ゴルフコースを見る目がまた、変わってくるかもしれない。

大阪湾を見下ろす、大阪ゴルフクラブの７番パー４。写真上がグリーン周りの樹木を伐採する前で、写真下が伐採後。景観がよくなったとともに、風通しが良くなったことでグリーンのコンディションが格段に向上したという。

エントランスロード

倶楽部の顔も大事

特別なステータスを感じさせるマグノリアレーン

1895年の写真で見ると、表通りのワシントン・ロードから一直線に300メートルほど、マグノリアの並木が10メートルほどの高さに育っている。これが有名なマグノリアレーンで、オーガスタナショナルのクラブハウスにつながる。球聖ボビー・ジョーンズとアリスター・マッケンジーの共同設計で、クラブがオープンしたのは1933年だから、マグノリアレーンはすでに50年近く前から存在していたことになる。コースのレイアウトはもちろんだが、2人は理想のエントランスロードを頭に描いていたに違いない。

現在のマグノリアレーンは、うっそうと茂り、空が見えないほどの暗さで、300メートルのトンネルの先に白亜のハウスが見える景観はまさに特別なもので、オーガスタナショナルのステータスを感じさせる。マスターズトーナメントに出場する選手は皆、マグノリアレーンを通るたびに身が引き締まるという。

コースのイメージをも左右する進入路

正門からハウスに向かう進入路は、まさに倶楽部の顔といえるから、そのコースのイメージをつかみやすい。残念なことに、市街地にある古い倶楽部ほどその敷地に余裕がなかったようで、正門からすぐクラブハウスという造り方は多く見かける。これは日本も欧米も同じ。セントアンドリュース、サニングデール、ペブルビーチ、そして廣野GC、小金井CCもこれにあたる。実は、霞ヶ関CCも1929年の開場当時としてはかなりの遠隔地にあったのに進入路を特別に設けていなかったので、戦後になって正門まで、びっしり住宅が建ち並んでしまっていたが92年、クラブハウスの建て替えと西コース改造工事の折に、正門を旧西コース9番ティー付近に移したことで、コースを見ながら300メートルほどの現在のエントランスロードが実現した。改造工事がよい方向に向いた一例といえる。

進入路の有無はゴルフ場の敷地の面積や形状、それに周辺の諸条件に左右されることが多い。新設コースの例では、88年オープンの成田GC造成の際、現在のクラブハウスがある敷地北端に正門と進入路を計画していたところ、近隣の小学校児童の通学の安全のため、市道からは立体交差による進入路が条件として行政側から提示された。

工事費その他を考慮の結果、敷地南端に正門およびコースに沿って約1・5キロの進入路に変更されたのだが、この厳しい工事条件が逆に倶楽部のセールスポイントの一つになっているようで、「ひょうたんから駒」の一例といえそうだ。

それほど行程は長くないが、松林隙間から10番ホールが見える我孫子GC、うまく配置された練習場と1番ティー付近を横目に見ながら倶楽部ハウスに向かう相模CC等は、私の好きなアプローチだし、下関GCは正門を入って松林の中を縫って走っていると、いやが上にもこれからプレーするコースの風情が想像できる。進入路が、そのコースの評判にプラス作用をしているケースである。

ただ残念なことは、同じようにコース内を走ってクラブハウスに向かう進入路でも、正反対の効果になってしまっているケースが多々見られることである。せっかくのコースの展望が金網越しのケースや、なかには金網で覆われたトンネルのなかを走るのでは、残念ながらイメージアップにはつながりにくい。金網は打球に対する安全対策であるから、コース設計者が近隣ティーからの打球の届く範囲を十分に把握していなかったか、それとも進入路は仕事の範囲外で、まったく考慮に入れていなかったかにほかならない。

ゴルフコースを造るうえでいちばん大事なのは、周辺も含めてのレイアウトであることが、ますます、はっきりわかる。

1992年にクラブハウスとともに完成した霞ヶ関カンツリークラブのエントランスロード。松林に囲まれた曲線を描く石畳の進入路を進んでいくとスッと前庭が、その奥にハウスが姿を現し、プレー前の気分を高揚させてくれる。

景観に対する考え方

日本のコースに見られるクラブハウス前の〝和風庭園〟

チャールズ・H・アリソンが廣野GCを設計したのは1931年。東京GCの朝霞コース設計で来日した折に、廣野GCからも依頼され快く引き受けた。本人は候補地を大変気に入り、2回現地を見た後、神戸のホテルの一室に閉じこもって早速設計に取りかかった。そのときのエピソードとして、途中、京都の桂離宮を見たいといって1日を費やし、またホテルに帰り、数日間で全18ホールを書き上げたという。桂離宮の何を見に行ったのか、あるいは、何を確認しておきたかったのかはどんな古書にも書いていない。というのは現在のクラブハウス周辺には、植え込みこそあれ日本風の庭園を思わせるような粋な造りは一切なく、逆にクラブハウスから9番や18番のフェアウェイの遠景が見渡せるからである。

日本の古いコースには、クラブハウスの前には和風庭園を配した例が多い。池の周りを石で囲み、飛び石を橋でつなぎ、後方には季節感のある桜や楓を配して、いわゆるお屋敷の庭を思わせる。もちろん、クラブハウスからコースは見えない。ゴルフコースに独自の和風の趣を取り入れた工夫といっていいだろう。

新しいコースの造成時にこんな話がある。私はクラブハウスの前に広がる雄大なコースの遠景が、このコースのセールスポイントになると思っていたが、オーナーはクラブハウス前に和風の庭園を造りたいという。クラブハウスとコースとの関係を何とか説明しようと試みたが、「私の夢なのです……」といわれてあきらめた。お金をかけてすばらしい庭園が完成したが、ゴルファーにとっては、朝のスタートホールに向かう際にチラっと見るだけ。年間を通じての手入れは、人の手配、経費も含めて大変だという話を聞いた。

クラブハウスから望むコースこそが雄大な庭園

個人的な見解だが、私はクラブハウスから見る雄大な景観が好きだ。なぜなら、クラブハウスから見えるコースが庭の役目をしていて、そのスケールの違いが、お屋敷とゴルフコースの違いだと思っているからである。樹木のないスコットランドのシーサイドリンクスは別として、英国のインランドコースは、うっそうとした樹木に覆われているが、概してクラブハウスの周りは広く、1番グリーンや18番ティーが遠くに望めるような造りが多い。全米オープンの会場になるような米国東部の名門コースもしかり。高台にクラブハウスのあるコースはもちろん、高低差のないパインハーストやウィングドフットなどもクラブハウスからの眺望は気持ちがよくなるほど、スケールが大きい。

マスターズトーナメント観戦で初めてオーガスタナショナルを訪れた人は、常設のショップの横を通ってコースに出たとたんにそのスケールの大きさに思わず声を出しそうになるに違いない。高台にあるクラブハウスからは、9番、18番のグリーンを通して遠く後方の2番グリーンや8番ティーが見える。おそらく、少なくとも500メートルはあるだろう。オーガスタナショナルでは、予想外の高低差、高い樹木と全体のスケールの大きさの対比が見事で、それがすべてクラブハウス前の造り方から予期できるのは、さすがだと思う。

最近の米国は、コースコンディション向上のため、日照や風通しを考えて、樹木の整理が見直されている。1000本を切ってコース全体が見えるようになったオークモントは特別としても、あのうっそうとして暗かったオリンピックもすっかり変わった。高台にクラブハウスのあるベスページ・ブラック、シネコックヒルズなど、クラブハウス周りの例外は、ペブルビーチくらいしか思い当たらない。

カリフォルニアの名門、ロサンゼルスカントリークラブのクラブハウス。大きなダイニングがいくつもあり、テラスのすぐ前に36ホールの雄大なコースの遠景がひろがる。

江戸時代に皇族の別邸として創設された回遊式庭園の日本最高傑作といわれる桂離宮。たたずまいは廣野とよく似ている。

練習場

充実化がすすむ名門のレンジ

コースの〝売り〟として練習場が再注目

アジアンアマに参加した日本選手団の団長としてオーストラリアに遠征した際、会場のロイヤル・アデレードGCの練習場を見て感激した。

クラブハウス中央の、食堂の正面前庭にパッティンググリーンがある。1番ティーはその右側、そして左側には18番グリーンがあるのだが、正面は見渡す限りの練習場、しかも、フェンスもなければ樹木もない。何人かのメンバーがショットの練習をしている姿が何ともうららかで、日本ではなかなかお目にかかれない風景に映った。欧米ではハウス正面に練習場があるコースをいくつも見たが、日本ではまったく思い浮かばない。

日本では基本的にクラブハウスが入口の近くにあり、したがって練習場はそのすぐ横、つまりゴルフ場敷地のいちばん隅にあるから、少なくとも一辺は外壁に面している。外に飛び出すボールを防ぐため、25メートル高の金網のフェンス設置が常識。最近では住宅地を境にして40メートル高の巨大なものまで出現している。それでも、戦前からのコースも、カナダカップ以後のコースも必ずといっていいほど練習場を併設していたが、バブル期のゴルフ場は練習場なしや、街の練習場レベルの小さな鳥籠で済ませてしまっているものも見られる。ゴルフ場をオープンすれば客が入った頃は収入一辺倒。しかも、開発する際の規制が新法に変わり、用地の取得がますます困難になっていて、広大な面積が必要な割には大きな収入にならない練習場施設は、あまり重要視されなかったきらいがある。

バブル崩壊後、ゴルフ業界は大きく変わった。破産や整理等、オーナーが替わり、必ずしも好ましい形態ではないにしろ、一応の安定期に入っている。そんなゴルフ場業界では改めて、練習場の役割が再注目され始めている。以前にも増して近隣との生き残り競争が激しくなる中、まずは地味だが安定したメンバーの来場をねらって、練習場の充実、ボール代無料等、工夫が見られるのだが、果たして効果はあるのだろうか。

高い意識があり、用地、運転資金に余裕のある倶楽部は、さっさと実行に移している。千葉CC・梅郷コースは、日本オープンの開催に合わせて用水溝を埋め、310ヤード、フェンスなしの練習場を完成させた。同野田コースも打席の改造で一新、ともに集客効果に貢献しているという。

名門コースも続々充実化が進む米国

アメリカのPGAツアーは、日本のスタンダードで見ると恵まれ過ぎているほどの練習場施設を持つコースで開催される。練習場の大切さを改めてアピールしたのは1976年から始まったメモリアルトーナメントではないかと思う。ジャック・ニクラスのおひざ元のミュアフィールドビレッジ（オハイオ州）はハウスのすぐ裏に真円の練習場があって、いつでもどの方向からも練習ができる。もちろん、こちらに向かって打ってくる反対側のティーには届かない。フェンスに囲まれていたオーガスタナショナルも隣接している駐車場用地を大練習場に改造し、駐車場は敷地外に移した。全米オープン会場のオークモント（ペンシルベニア州）やオリンピックC（カリフォルニア州）等も続々と練習場の整備と大型化を熱心に進めた。世界のベストコース100にランクされるフロリダのパブリック、ワールドウッズは36ホールに練習場が2つ、そのうちの1つは、どの方向からも打てる真円型だし、逆に世界ナンバーワンでトーナメントは開催しないパインバレー（ニュージャージー州）も敷地内に、とんでもない練習場と10ホールの立派なショートコースを完備している。羨ましい限りだ。

アメリカ・ミュアフィールドビレッジの上空写真。写真左の円形の敷地がすべて練習場！ 写真中央下に見えるのが駐車場だから、それと比べていかに広大なのかがわかる。

天然芝から直接打てると評判のザ・サイプレスゴルフクラブの練習場。プレーヤーは無料で利用できる。

練習できる石坂ゴルフ倶楽部。充実したエリアを造るコースが増えている。

COURSE TALKING ③

いいコースとは何か？を考える

ファインショットに応えてくれるコースに出会いたい

1942年山口県下関市生。甲南大学卒業。小学校４年のときHC５の父親に連れられコースに出たのをきっかけにゴルフを始め、中学時代にはすでに30台のスコアをマーク。日本アマ６勝をはじめ、関東、関西、関西学生、日本学生等多数のアマチュア競技に優勝。プロより強いアマチュアと称された。01年逝去。

中部銀次郎

Nakabe Ginjiro

コースがゴルファーを造るのか？

川田　アマチュアの試合は、プロのように毎週あるわけではないから、ある程度、目標をおいて調整できますね。来年はあのコースでやるからって。それが、コースによって変わってくる面もあると思うんですが……。

中部　うーん、でも、ほとんど変わらないんだ。まっすぐ飛ばすことを訓練すればそれでいいと思っているから。ただ、距離が長いコースだったり、フック系でないと、うまくいかないホールが多かったりする場合は少し考えるね。

川田　グリーンの硬さや大きさも関係あるでしょう？　あそこはグリーンが小さいから止めるように、とか。

中部　調整できないんだよ、そのあたりは。普通にショットできれば、普通に止まってくれる。それ以上のテクニックを要求するグリーンっていうのはまずないしね。少なくとも、今の日本のゴルフ場のレベルでは。

川田　そうかもしれませんね。でも、コースによって、ゲームが変わってくるという面はあるでしょう。

中部　それはあるね。

川田　我孫子の人は、バンカーがうまいといったように……。

中部　そう。距離の長いコースの人はロングショットがうまくなるとかね。

川田　中部さんの技術にも、下関というコースが影響を与えているんでしょうね。

中部　そうです。あそこは、ティーショットを、ねらったところにまっすぐ打てないと問題が起きてくる。海からの風の影響もあるし、フェードで攻めてもダメだしね。多少なりともプレーヤーに考えさせるコースでやると、わりあい上手になれると思う。

川田　中部さんのゴルフをよく知っている人が、前は廣野でラウンドしてらした中部さんが、東京倶楽部（東京ＧＣ）に移った。廣野も東京も日本のゴルフ場の中でトップテンに入るコースだけれども、その中でどちらかといえば、廣野のほうがハザード的にシビアだ。だから、そこでラウンドしてらした中部さんと、東京にいらしてからの中部さんとでは、ゴルフの内容が違うのではないかといっていましたが、それについてはいかがですか？

中部　それは、当たらずも遠からずってとこかな。でも、廣野にいたときはゴルフを追求したくて無我夢中になっていたときで、東京倶楽部へ移ったときは半ばやめようと思っていたころだから、そのまま比べるのはおかしいね。私がもし、上手になりたいと思った時期に東京倶楽部にいたら、別の見方をしただろうし、ゴルフも違っていたと思うんだ。やさしければやさしいだけ、いいスコアをねらう。いいスコアを出さなきゃ満足しなくなるだろう。だから結果は同じだよ。

川田　たとえば67、68が出ても良しとせずにですね？

中部　あそこは、ロングホールが4つあって、そのうち3つがバーディチャンスだしね。7番にしても短いし、難しいといったら9番、18番。一番難しいのが16番。そこさえちゃんとやれば、なんとか60台が出る。そういう頭でやるから。結局、ねらっている目標が違ってくるってことだね。コースによって目標が変わるんだよ。

失敗したらいくつでも叩いていろ

川田　いいコースは、すべてのクラブを均等に使えるといいます。廣野はその典型だともいわれてますが……。

中部　そうだね。だいたい使わなきゃいけないね。特に4、5、6番をよく使うな。

川田　そういったコースは少ないんですか。

中部　少ないね。だいたい7、8、9番や、1、2、3番とバッフィってところが多いな。距離が長いから。

川田　ボールやクラブがよくなったせいか、最近は長いところが多いですね。

中部　それがおかしいと思う。短かければ短いなりに難しくできるだろう。このホールはやさしいけど、そこに入ったら必ず、ボギーになってしまうというバンカーがあるとか……。いろいろできると思うんだ。そういうのが正しい考え方だと思うけどな。

川田　中部さんは、海外のコースもいろいろと回ってらっしゃるんですが、最初に行かれたときの印象はどうでしたか。

中部　1960年だったかな。学生時代の終わりのころ、メリオンに行ったのが最初です。あそこは、ただの短いコースじゃないよね。ああいうのがいいレイアウトっていうんじゃないかな。バンカーの中にブッシュがあるのにはまいったけど（笑）。ピンがすぐそこにあるのに、50パーセントくらいは失敗してしまう。

川田　日本の国内の名コースとの違いは感じませんでしたか。

中部　そういう印象はなかった。ただ、向こうの新しいコースを回ったとき、ああ、なるほど昔のコースはいいなと思ったね。

川田　中部さんが回った新興コースというと、確かドミニカ……。

中部　そう。ドミニカ共和国の。あれの2番っておかしいね。ティーインググラウンドからグリーンまでを真ん中で仕切ってあって、右半分はフェアウェイ、左半分にはすごく大きな石がある。砂浜に、というか、海の中にティーインググラウンドが張り出してたり。日本人はああいうことしないよね。ここからはゴルフ場、ここからは海っていう風にきちんと区切っちゃう。

川田　そうですね。そのコースは、今話題になっているトーナメント・プレーヤーズ・クラブを造ったピート・ダイの設計なんです。そこには、石垣で囲んだバンカーがあ

メリオンゴルフクラブ
（ペンシルベニア州）
全米オープン開催コース。距離は短いが、ティショットは狭く、グリーンはアンジュレーションが強く難しい。1981開催の後、34年後の開催となった2013年が５度目の全米オープン。7000ヤードに満たないコースが選定されたのは、距離ではない難しさが評価されたゆえ（2013年開催時の長さは6996ヤード）。優勝スコアは１オーバーだった。

って、その中にグリーンがあるホールもあったでしょ。

中部　ああ、あったね。でもパインバレーなんかもそうだしね。

川田　なんだこれって感じがしませんか。

中部　そりゃあ、ありますよ。失敗したときに、放っておかれるような気がするんだ。悪いショットをしたら、そこでいつまでもやっていろって感じだね。いくつ叩いても知らないよ、と。日本人にはない発想だと思う。日本人は、悪きゃ悪いなりに、ちょっと助けてあげようというところがあるじゃない。

川田　ええ。

中部　イタリアに行ったときなんか、ツツジの親玉みたいな木がすき間なくびっしり生えていてね。その代わり、フェアウェイはまっすぐなんだけれど、そのツツジのような木のなかに打

カサデカンポ・ラ・ロマーナ〈TEETH OF THE DOG〉（ドニミカ共和国）
1971年に開場したTEETH OF THE DOGは、ピート・ダイ設計。カリブ海でナンバー1のゴルフ場として名高い。（Photo／Getty）

ち込んだら、すぐそこにボールが見えていても打てないんだ。それがラフなんだよ。日本でいうラフに当たるものはないんだ。

川田　去年のインドでのアジア大会がそうでしたね。ラフがなくて、フェアウェイからすぐにブッシュが始まる。ボールが見えていても、誰も取りに行かないんです。日本人の選手がそのブッシュに取りに入ったんですよ。そうしたら、その日に限って白いシャツを着ていたもんだから、背中が真赤に染まってきてしまった。いばらで刺されたんです。初日はぐんぐん打っていた日本勢が、だんだん狭く見えてくるブッシュが怖くなってしまって、それが敗因になったんです。

中部　それで思い出しました。回れば回るほど難しくなる、それもいいコースの条件のひとつですよ。

川田　なるほど。私も、サンフランシスコの近くにあるカリフォルニアGCに行ったとき、そう思いました。初めて行った日にはとてもいいスコアが出たんです。次に、よく知っているメンバーと行ったら2つくらい落ち、その次は4つくらい落ちた。フェアウェイよりも、張り出した樹木のせいで上空が狭いんです。それを知れば知るほど、怖くなり、難しくなりました。日本では、こういうことはないんですけどね。

中部　こちらでは逆に、グリーン近くになって急にターゲットが広くなったりする。知れば知るほど怖くなる、そういう面白さはないですね。

セントアンドリュースが荒川べりにあったら会員権は40万以下だ

川田　先ほどのお話に出てきたドミニカもそうですが、同じピート・ダイが造ったトーナメント・プレーヤーズ・クラブが、話題になっています。池の真ん中にグリーンがあったり、とにかく変わっていることは確かなんですが、ニクラスたちが改造要求書を出したりして、変に脚光を浴びてしまったという気もするんです……。

中部　うーん、そういうのはねぇ。たとえば、まったくドーナツ型のグリーンがあったとする。フェアウェイから見て左側にピンが立っていて、右側に乗ったら、どちらかの側から行かなきゃならないよね。それが平らならいいけど、奥から手前に傾斜していて、ドーナツの真ん中がバンカーだったりするとどうなる？　そんな風に造ってもいいことないんだよね。

川田　ニクラスの設計で、カナディアンオープンを開催しているグレンアビーの17番グリーンはそうなっていますよ。ニクラスが造ったってことで、他の選手も文句は言っていないようですが。

中部　打てる方向はいろいろあるんだろうけどね。スルーザグリーンってものはさ……ティーインググラウンドとグリーン以外をスルーザグリーンと呼ぶわけでしょう。グリーンの間にバンカーがあるってこと自体が変だと思うんだ。本来、グリーンに乗れば、ある程度次のプレーがしやすいようにできていて当たり前なのに、ちょっとしたはずみでペナライズされるなんてね。あまり、いいことじゃないと思う。

川田 ニクラスの造ったコースにしろ、トーナメント・プレーヤーズ・クラブにしろ、米国ではそういう傾向があるようですね。

中部 なんだか、パチンコみたいだと思わない？　コースでそれをやってしまってはいけないんじゃないかな。完全なショットを求める人、求めたことがある人は、そういうホールを非常におもしろく感じられるのかもしれないけど、一般の人には通用しないだろう。それを通用させようとするのは間違いだと思います。

川田 そういう意味で〝うまくできているな〟と思われたコース、日本にありますか。

中部 私は、ここはいいなってことよりも、よくないほうを憶えてしまうんです(笑)。たとえば、フェアウェイはパッときれいに見渡せる。他の人を見るとみんなティーショットをアイアンで打っているから、変だなと思いつつ、ドライバーで打つ。と、落ちた所にディッチ（排水溝等のミゾ）があるとかね。初めて回ったとしても、素直に、その景色のとおりにプレーできるコースがいいと思う。予備知識がないと回れないコースなんて……。

川田 ディッチがあっても、ティーインググラウンドから見えればいい？

中部 そうです。セントアンドリュースにはタコツボ（バンカー）があるからどうのっていわれているけど、私もあれは、基本的には間違いだと思います。ティーから見えないケースが多いでしょ。

川田　あそこは唯一無二と思っているのですが、それでもある人がいっていました。セントアンドリュースがもし荒川べりか江戸川べりにあったら、そのコースの会員権は40万だってね（笑）。

中部　40万もしないよ（笑）。

川田　英国の人にいわせると、ロイヤル・エンシェントというのは、クラブハウスのことで、それとコースとは全然別なんですよ。だけれども、あそこでいろいろな競技が行なわれてきたし、ホビー・ジョーンズが脱帽したり、ニクラスがいいっていったり。だから、みんな、いいって言っているのだと。

中部　そうでしょうね。あれでは愉しめないんじゃないかと思う。プロとしてやっていくにしても、本当は普通にいいショットを打って、普通にいい結果が出るコースで稼ぎたいんじゃないかな。どこに穴があるかわからない所なんて、やりにくいよ。

日本のコースは実際より長い距離を表示したがる

川田　ティーイングラウンドから、そのホールの全容がわかるようなコースであるべきだというお話でしたね。

中部　そう。それに、ハザードの造り方だね。フェアウェイ真ん中に打ったのに、バンカーのしっぽにひっかかるようなのはダメだね。240から250ヤードぐらいのところにあったり……。何を意図してああいうことをやるのか、設計思想がまったくわからないよ。だって、パー4のホールが平均400ヤードあったら、セカンドを4、5、6番で打てるように、つまり、ドライバーで220、キャリーで200ヤードくらいと考えて造るべきでしょう。それがだいたいのレベルなんだから。それを、大幅に邪魔するようなレイアウトはねえ……。

川田　よく、いますよね、オレは300ヤード飛んだとか、270は行くといっている人が。ところが中部さんは、「いいとこ230ヤードでしょう」といっているでしょう。実際の飛距離で230ヤード飛ぶっていう人はそれほどいないと思うんです。なのに、自分が270飛ぶと信じ込んでいる人が意外に多いというのは……。

中部　距離の表示があいまいですからね。まったく平らな所で打って測ったことがないからでしょう。ティーインググラウンドが1メートル高くなると、距籬も1メートルくらい伸びるらしいし。でも、一般のプレーヤーが自分の飛距離を間違って憶えているのは、ゴルフ場側がいけないんだと思います。正しい距離表示をしなきゃいけないのはもちろんだけど、ひとつくらい、自分の正確な飛距離がわかるような真っ平らなホールを造ってくれてもいいのにね。

川田　「もう今さら直せない」っていわれたことがありましたよ。結構きちんとしたコースでしたが。ある試合のためにフロントティーを造って、パー5からパー4にしたんです。470ヤードのパー4にしようということになって、グリーンから測ってティーを造った。そうしたら、530メートルのはずのティーインググラウンドがすぐそこに、10メートルくらい前にあるんです（笑）。やっぱり、これはマズイでしょうと言ったら、「いや、もう直せないんですよ」っていわれて……。昭和初期に造ったゴルフ場は7000ヤードとか7100ヤードとかいうのがとても多かったでしょう。そのヒズミが現れているんだと思います。

中部　それはもう、ゴルフ場が計測しなおさないとダメだよね。一つのゴルフ場のなかでも、ホールによってマチマチだし……。

川田　このコースの150ヤードっていう表示はおかしい、他のところと絶対1クラブ違うって思うことがありますね。

中部　総体的に、表示よりも短いね。115ヤードって書いてあったから、ピッチングで打ったことがあったんだ。115ヤードだと、私のピッチングじゃ届かないんだが、それがオーバーしちゃうからね。

川田　クラブ選手権をとろうと思ったときがあって、そのときは全部、歩測しましたよ。そこには150ヤードという標識がある松が全部で4本あったんです。ところが、私がフロントエッジまでを測ったら、148、145、141ヤード。148と141なんて、1クラブ近く違う。風が吹けば3クラブぐらい違ってしまいますよね。

中部 それは問題あると思う。みんなが自分の飛距離を間違ってしまうじゃない。どうせ表示するなら、昔のように杭にすればいいのにね。

川田 最近、米国では、距離を表示してある小冊子を配布するのがはやっていますよ。左のスプリンクラーの上にペンキが塗ってあって、そこから163ヤード、なんて小冊子に書いてある。わざわざ人工のものを造るんではなくて、そこに自然にあるものを目印にしているんです。もちろん機械で測った距離ですしね。

中部 それならいいかもしれない。でも、本当はそれも要らないような気がするな。

インからスタートするのはゴルフじゃない

中部 やっぱり、1番から18番までの間に、だんだんと難易度が増して、プレーする人の技術が充分に出るようなコースがいい。オーソドックスな考え方だけれどもそう思います。ところが今ではアウトとインから同時にスタートさせて、同じところに戻ってくるように造られているでしょう。ゴルフ場の現状からいって仕方ないんでしょうが、こうなると、アウトとインという呼び方自体がおかしくなりますね。

川田 日本アマをやった霞ヶ関・東の10番などは、名ホールといわれていますが、あそこも、アウトからスタートするのとインから回るのとでは全然違いますよね。

中部　古いコースで試合がある場合、インからスタートすると損なんです。古いところは、みんなそうですね、18ホールだんだん難しくなるようにしてあるから。もちろん、スコアも違ってきます。ある競技でチャンピオンになったんですが、次の年、インからのスタートだった。前年のチャンピオンにインからスタートさせるなんて、そういうところに無神経な人が多すぎるような気がする。

川田　1番から3番までは、10番から12番までと、ヘタをすると3ストローク違ってくるはずなんです。でも、最近できたコースは、営業面の都合上、1番と10番が同じようになっていますよ。

中部　だから憶えられない。いいホールがあっても印象が薄くなっちゃう（笑）。

川田　戦前のいいコースは、まるでその人の実力を試すみたいに、後半3ホールあたりになると使わないクラブがなくなるといわれていますね。

中部　そうね。一所懸命にならなきゃいけないって状態になってくるよ。最初のうちは、ポーンポーンと打っていればパーが取れる。でも、だんだん、何となく打っていたのではダメになってしまう。ちゃんとティーインググラウンドからは見えているんですよ、ああなって、あそこに何があって……。行っちゃいけない場所も見えているのに、打ってみて初めて、ああ、こんなところへ行っちゃうのかというような、そんな難しさなんだ。

川田 前後の距離感覚も、だまされますね。目で測った距離と一致しない。あれはハザードの造り方かもしれませんね。

中部 だから、100ヤードや150ヤードの標識ができたんでしょう。速く回らせてやろうってね。そこからが間違いだと思う。本当は、ティーインググラウンドの標識に400ヤードですよって書いてあれば、あとは何もなくていいと思うんだ。あとはもう、どのクラブでどこへ打とうと勝手なんじゃないかって。

川田 営業面との両立が難しいということですか。

中部 そうですね。設計者が思い通りに造ったら、プレーヤーはあまり愉しくプレーできないのではないかな。少なくとも、プロじゃない一般の人にとっては。

川田 設計理念を貫き通すのは、よくないということでしょうか。

中部 というより、今はもうできないと思う。設計者がかなり妥協しているんだろうね。アウトとインの両方からスタートするってことだけでもそうでしょう?

川田 理想を追えば追うほど、営業面とはかけ離れていく……。

中部 それはそうだよ。当然のことでしょうね。極端にいえば、今のコースなら、誰だって設計できると思う。できるだけ平らで、バンカーは少なく、グリーンは平らで距離は短く……だもんね。

川田　だから、あそこの7番がよかったなんて思っても、それが13番の思い違いなのか、わからない。1番から順に追って行かないとイメージできないのが現状です。

中部　私なんか、順を追っても、浮かばない（笑）。そういうコースが多すぎるようですね。

（1984年『Choice』14号より）

中部氏46歳、この頃よりコース設計にたずさわる。

CHAPTER

4

スゴい、日本のゴルフ設計史

設計者不詳のコースが日本に多い理由とは？

日本の〝フラットなコース〟に対する憧れ

日本の国土の4分の3は山岳丘陵地といわれる。まだゴルフ場用地に余裕のあった戦前にオープンしたコースはともかく、戦後、それもゴルフ場建設ブームの後半にできたコースは、総じてアップダウンの地形を造成して造られたものが多い。

地方都市を含めて平地は市街地が占め、その外側を田んぼや畑が囲んでいるから、必然的にゴルフコースの候補地は丘陵から山岳地帯を探さざるをえない。丘陵地といっても全体の高低差が40メートルや50メートルはあるだろうから、本来ゴルフコース設計の英知を注ぎ込むには最適な条件を備えているはずなのだが、造成時のコンセプトは〝フラットなコース〟にあったのではないか……。

あのオーガスタナショナルの用地は、全体の高低差が、少なくとも60メートル以上はある。設計者のボビー・ジョーンズが、「ゴルフコースが造られるのを待っていたような理想的な地形」といって、アリスター・マッケンジーと共同で、豊かな起伏を縦、横、斜めに取り入れて、18ホールがまったく違う見事なレイアウトを完成させたことは、あまりにも有名な話。テレビでマスターズトーナメントを見るだけだった人が初めてオーガスタを訪れて、そのアップダウンと雄大な造りにびっくりした話は前述のとおり。

〝ゴルフコースを造る〟より〝ゴルフ場を造成〟していた

一方、当時の日本の〝フラットなコース〟のコンセプトは、用地全体をフラットにすることが目的で大量に土を動かしてなるべく平らなエリアを造り、そこに各ホールをはめていって、後からホール間に植栽をすることで、旧法で定めている〝復元緑地〟を確保するという方法が多く用いられた。したがって、平らなホールは多いが、元の地形によっては段々畑を行ったり来たりという造りが増え、他のホールとの違いが出なかったり、平らに造ったことのひずみで、次のホールへはスカイレーダーと呼ばれるエスカレーター式のベルトコンベアが多々用いられた。

オーガスタナショナルや他の欧米のコースのように自然の地形を縦、横、斜めに組み合わせた特徴あるホールが少ないのは、こうした事情によるものである。何しろ、ゴルフ場の会員募集の広告を出せば、すぐ完売になったといわれた時期だから、早く造ること、そして、いいスコアの出るコースが好まれたといってもいいかもしれない。

それに、実際に数えたわけではないが、2300ともいわれる日本のゴルフコースのなかで、コース設計者不詳のコースがあまりにも多いのに驚く。記述欄に名前がなかったり、あるいは「○△建設設計部」で済ませていたり……。考えてみると、ゴルフコース建設ブームの当時は、ゴルフコースを造るというよりも、ゴルフ場を造成するという背景がより強かったように思う。

ゴルフコースは、知識と工夫を結実した作品である。フェアウェイのうねりやバンカーの位置、グリーンの傾斜などすべてが設計者からの提案で、造った者には責任がある。こんな考えがもっともっと広まっていってほしい。

昭和40年代前後のゴルフブームのなか日本各地にゴルフ場が造成され、会員募集の広告が新聞・雑誌誌上をにぎわした。丘陵地のゴルフ場はコースの出来栄えでなく、景観や付帯設備の充実さを売りにしていた。

ゴルフコースを〝育てる〟ために すべきこととは

積み重ねによって生まれるコースのたたずまい

カナダカップで、日本が個人、団体ともに優勝して世界中を驚かせたのが1957年。一気にゴルフブーム、ゴルフ場ブームに火が付いて、続く10年間で瞬く間に新設のゴルフ場が全国に造成された。それゆえ、創立50周年を迎えたクラブがとても多い。これらのゴルフ場は、すでに日本では古株に位置し、名門として堂々と存在しているところも多い。だが、単に50年たったから名門というわけでは決してない。

実は私は、個人的にゴルフコースは女性だと思っている。昔の設計者で同じような表現をした人がいたが、意味はまったく違う。女性の20歳やそこらの年齢で、きれいだったり、かわいかったりするのは、親から授かったものがほとんど。それが、25～30歳になってだんだん自分で造り上げたものが顔やしぐさに出てくる。これは教養、しつけ、ふるまい等、細かい積み重ねの結果で、しわの2本や3本は増えているものの、バランスの取れた美しさは、40歳、50歳になって初めて形になってくる。話し方だったり、姿勢や歩き方だったり、ごはんの食べ方にさえ表れる。その女性のたたずまい、あるいは存在感といえるかもしれない。

ゴルフコースも私にはまったく同じに見える。新設のコースは何もかも新しくきれいに見える。芝は青いし、すり減っているようなところもない。バンカーの砂も白くはっきりと見える。樹木も計画どおり植栽されているのだが、それだけでは心に訴えるものが私には感じられない。グリーンキーパーが毎日芝を刈り、目土を行い、メンバーがディボット穴に砂を入れ、こんな作業を何年も続ける。生い茂った樹木を間伐し、朝日を入れ、風通しをよくして芝の状態を常にチェックする。バンカーの縁を修正し、場合によってはホールの改造や、グリーンの修正も行う。すると、自然とコース全体に落ち着きが出てきて、そのコースならではのたたずまいを感じるようになる。

原設計者の思いを継ぐことの本当の意味

50年を超えるコースは、有名な設計者の作品が多い。原設計者の設計思想を大切にし、守っていってこそコースが少しずつ成長し、周りから名門と自然に呼ばれるようなコースに育っていく。だから初期の契約書には、設計者の同意なくしていかなる設計変更も不可、という条文が含まれていたものもあった。自分のコースを思いどおりに直したいというオーナーのわがままをストップさせる意味もあったとのこと。ただ、あまりにも盲目的に原設計者を敬い、大事にし過ぎると、取り返すことが難しい難題になることも事実だ。

あるコースでは樹木を大切にした。原設計者の指示どおり、特に赤松には手を付けなかったそうだが、50年たつと、要所要所の赤松が見事に育ってしまい、グリーンがねらえない。次の50年に向かって大きな決断を迫られているという。

また、あるコースに関して、そこがどんなコースか中部銀次郎氏に尋ねたところ、「アドレスで立ちづらい」との答え。忙しい原設計者の命で造成を任された弟子が、せっせと先生の部品を使って手を加えるのだが、やはり感性が違うから、バンカーやマウンドの置き場所、大きさが違う。中部氏の立ちづらいというコメントは、「違和感がある」と置き換えてもよさそうである。

オープンしたときのコースは完成品ではない。コースは毎日毎日の積み重ねによって成長する。コースは生きているといわれるゆえんであろう。原設計者を大切にするのなら、手を触れずにおくのではなく、改造や改修は思い切って実行すべきだと思う。せっかくのクラシックコースをアンティークにしないためにも……。

コース設計家・井上誠一は自然の地形を活かした造成をほどこし、女性の身体のラインをイメージした曲線美を作風として表している。写真の日光CCは、もともと生えていた松の木にハザードの機能をもたせ、フェアウェイバンカーを少なくした設計となっている。当時、井上は『この松が育つ頃には日本屈指の名コースになっていよう』と語った。

1930年にクレーン3兄弟が設計した鳴尾ゴルフ倶楽部猪名川コースは、1931年にC・H・アリソンの勧告をもとに改造を行い、現在の姿となった。その後もたびたび改修は行われてきたが、1931年当時の設計思想は頑なに守られている。

時とともに移り変わるのが生きたコース

大小の変化を乗り越え現代に残る名門コース

「ゴルフコースに完成型はない」。どんなコースでも、オープンした日から一日一日の積み重ねを経て、これを何とか生かして、プレーヤーにとって、経営サイドにとって、また管理をするうえで、よりよいものにしたいと考える。

作者不詳、自然によって造られたといわれるセントアンドリュースのオールドコースも、原型を250年以上も保ってきたとはいえ、バンカーの形状や縁の修正は欠かさないし、近年はティーの延長等、しっかりと手を入れて、ゴルフのメッカとしての体面を守っている。

ボビー・ジョーンズとアリスター・マッケンジーの合作であるオーガスタナショナルGCは、1933年のオープン以来、毎年改造を加え、4月のマスターズに参加する世界のトップの挑戦をしっかりと受け止める。

日本最古の神戸GC（兵庫）は、原型をほとんど変えないでいまだに4049ヤード、パー61なのだが、これも1903年に9ホールで始まったコースが、29年までに改修、用地拡大に改造を重ねて現在のレイアウトになった。

東京GC（埼玉）は、最初の駒沢（東京）には土地の賃料アップで居られなくなる。C・H・アリソンを招いて朝霞（埼玉）に新コースを造ったものの、8年後の39年には、太平洋戦争で陸軍用地への転用を強いられて、霞ヶ関CC（埼玉）の隣接地にオープンしたばかりの秩父CCと強制合併。結果論として、用地の選択に恵まれない不運な時代を経験する。

鳴尾GC（兵庫）も、1904年に6ホールでスタートした横屋ゴルフアソシエーションを母体として、10年後に鳴尾浜に移り、20年、新たに鳴尾GCとしてスタートする。だが、土地代など問題が多々あり、30年に猪名川上流に現在の安息地を見つけた。

時代の流れの中で消えるコース、変わるコース

どんな倶楽部も、スタート当初から改造や改修を重ねて現在のレイアウトに落ち着いている。特に昭和の初期や、それ以前にできたコースは、市街地の発展や環境の変化等の諸事情で、新しい場所を探さざるを得ず、よい場所を探せた倶楽部は現在も存

続、そうでなかったところは倶楽部の歴史を閉じたところもある。

横屋や根岸、武蔵野ＣＣの六実コースや藤ヶ谷コース、藤澤、そして新しいところでは東雲や砧。東京大学の専属運動場として存在していた検見川もこの仲間に入るかもしれない。

ゴルフコース設計者の一人として、ないものねだりになるかもしれないが、これらの現存しないコースを見てみたかった気持ちが強い。特に藤澤は、戦前最後の日本アマに出場したことのある私の父が「俺はあのコースがいちばん好きだった」という言葉が耳に残る。湘南の丘陵地にあって、現在の小田急藤澤ＧＣ（神奈川）とは違う。上りや下り、ドッグレッグが見事に組み合わさって、18ホールが全部違う顔を持っていたそうで、数少ない赤星六郎の設計。あの時代に大男だったアメリカ帰りの赤星六郎のコースは、相模ＣＣや我孫子ＧＣに見られるように、繊細なショットが要求されるレイアウトで、それにアップダウンが加わっていれば……と思うと興味が倍加する。

相模ＣＣの場合は、同位置ではあるものの、周辺の環境が激変し、住宅地への打球を無くすため、何ホールかの改造を余儀なくされている。

上田治の傑作といわれる大阪ＧＣは、淡輪コースとして親しまれていたが、新駅ができて北側の用地が公園になったため、南側に敷地を求めて新しいホールを加え、レイアウトの入れ替えが見られる。

現在の小田急線善行駅から徒歩７分のところに存在した藤澤 CC。現在は神奈川県立スポーツセンターとなっている。当時は箱根の山や相模湾、江の島が一望でき、東京 GC の視察に来たアリソンがこの地に立ち寄り「この地形を活かすように」と設計者・赤星に助言した。

コースは消滅したが、「グリーンハウス」と呼ばれるアントニン・レーモンドが設計したスパニッシュ調のハウスは、地元有志の保存運動により歴史遺産として残されることに。2020年に改修され市民の憩いの場となっている。

Fujisawa Country Club
藤澤カントリークラブ

神奈川県藤沢市
1932年設立（1943年閉鎖）
赤星・設計
18Holes　6637Y　Par73

日本のゴルフ場史における外国人設計者

戦前に多く見られた外国人による設計

ジャック・ニクラスのニュー・セントアンドリュースGC（栃木）が戦後になって初めての外国人設計者による新設コースで、当時、スコットランドのセントアンドリュースのオールドコースを実寸どおりに再現すると発表されたため、注目を集めたが、結局実現されずに終わった。

振り返ってみると、戦前にオープンしたコースはほとんどが外国人による設計であることがわかる。神戸GCは、アーサー・ヘスケス・グルーム設計といわれ、英国人で神戸に住んでいたゴルフ経験者の数人の協力で4ホール、1903年に9ホールに増設して、日本初のゴルフ倶楽部をオープン。翌年、18ホールが完成して現存しているが、現在でも全長4049ヤード、パーは61、設計は元地形どおり、打ち上げ、打ち下ろし、中にはグリーンが見えない山越えのパー3もある。とはいえ、日本で最初のゴルフコースとしての歴史的価値は高い。横屋ゴルフアソシエーション（兵庫）、根岸ニッポン・レース・クラブ・ゴルフィング・アソシエーション（神奈川）、東京GCの駒沢コース（東京）等、現存しないコースも、身近にいたゴルフ経験者の英国人に手軽に依頼した様子だが、残念ながら名前も伝わっていない。鳴尾GCは鳴尾浜から引っ越し、30年に猪名川コースをオープンしたが、このときの設計は会員のクレーン3兄弟で、レイアウトは少々距離を延ばしただけで、ほとんど変わってないとの話。米ゴルフ誌の世界ベスト100コースに名を連ねているのは立派だ。茨木CC（大阪）の東コースは、設計者がスコットランドのプロ、ダビッド・フードとなっているが、完成時は狭く、短く、その後、改造や新ホールを加えたりして、会員の有志が相当手を加えているとの由。

ウォルター・フォーバーグというアメリカのプロが設計したとされる程ヶ谷CC（神奈川）の旧コースは、24年から66年まで存在した。現在の横浜新道をまたいだ所で、大きな、緩やかな丘陵地にゆったりと広がっていた。ゴルフ創生期にできたコースにしては完成度が高く、さすが、日本で最初のチャンピオンシップコース。一度しかプレーするチャンスがなかったが、懐かしい思い出が残っている。

東京GCが埼玉県の朝霞に新コースを造る際、当時世界一といわれた英国のハリー・コルトに依頼していたが、62歳と高齢ゆえ、長期にわたる日本への船旅はできないと断られた。代わりにチャールズ・H・アリソンが来日。アリソンは、朝霞コースを設計したほか、霞ヶ関CC、川奈ホテルGC等にアドバイスをおこない、神戸の廣野GCの敷地を見てホテルの自室に籠もり、4日間で図面を書き上げた話は先述した。朝霞も担当した名シェイパー、G・ペングレース氏の造成技術にも恵まれて現在がある。深いバンカーを意味する〝アリソンバンカー〟という呼称がいまでも残っていることは、日本のゴルフコースの造形に、相当インパクトがあったということで、鳴尾GC、川奈ホテルGC、相模CC等、古いコースに脈々と引き継がれてはいるが、霞ヶ関CCの東コース、我孫子GCなどの直接の継承コースが、最近の外国人設計家による改造で、その歴史が失われかけていることは残念でならない。

〝付加価値〟を求め視線は再び国外へ

アリソンの廣野GCの後、外国人設計家による作品は見当たらず、赤星四郎・六郎兄弟、大谷光明などアマチュアの名手が手がける例が多く、そのまま戦争に突入。そして終戦、進駐軍による接収となる。戦後の復興期の先駆けで、ゴルフ好きの米軍将校が京都GCの上賀茂コース、仙塩GC（宮城）を手伝うが、おのおの単発に過ぎなかった。

C.H.アリソン　1883年イングランド・ランカシャー生。コース設計家。1952年没。オックスフォード大学造園学部専攻。ハリー・コルトの代わりに来日し、日本のコース設計に多大なる影響を与えた。

A.H.グルーム　1846年イングランド・ブライトン生。イギリス人貿易商。1918年没。1903年に開場した日本最古のゴルフ場、神戸GCを造った。ゴルフがやりたい余りに、仲間とともに六甲山を切り開いた。

見る目が養われたゴルファー諸兄に
いまのコースがどう映るか？

40年前の日本一の最終ホール

ちょうど40年ほど前に、あるゴルフ誌が「日本でベストのホームホールは？」という読者へのアンケートをおこなったことがある。ホームホールとは18番ホールのことで、トーナメントでもプライベートラウンドでもかまわない。日本中のコースで一番の最終ホールは、という問いかけに出た答えは、まさかの二者同点で、東京よみうりCC（東京）の18番パー3と、習志野CCキングコース（千葉）の直角パー5の2ホールに凱歌があがった。

確かに東京よみうりCCの最終ホールは見ている者にはおもしろい。急な傾斜で、ショートパットはアングルによってはほとんど決まらない。約230ヤードという長いショートホールだけに、パーを取ることは至難の業。18年の日本シリーズでも、1・5メートルのパットを決めた小平智が、大逆転優勝を決めた。晩秋で、ティーショットが落日に向かってグリーンが見えにくく、終盤の首位争いに心理的な影響を与えるという難しさも加わる。だからこそ、奇跡的なショットでの優勝が目立つ結果になり、〝名勝負〟となることが多い。

プロ転向したばかりで、日本ではまだ無名だったベス・ダニエルが1990年ワールドレディスチャンピオンシップで初来日したときもそうだ。その飛距離に驚かされたのはともかく、最終日に追い上げたものの、ここでティーショットを右バンカー内手前の縁へ。ダブルボギーもありえる状況から、グリーン右手前、いちばん傾斜の強い位置へのバンカーショットを20センチにつけるというミラクルショット。ギャラリーの目をさらい、大逆転の初優勝を決め、その後も日本の女子ツアーに何度も来日した。

習志野CCキングコースの18番は当時の飛距離で、ツーオンはぎりぎり可能。ただし直角の左ドッグレッグで、しかも両サイドは林帯で完全にセパレートされている。こんなことがあった。1977年の日本オープンでトップのセベ・バレステロスのティーショットは完璧。ドッグレッグコーナーを直進して隣の10番ホールの林のなかへ。現在の飛距離だったらどうなるか。日本初開催のPGAツアーZOZOチャンピオンシップはその意味でも注目に値した。

確実に磨かれているコースを見る目

ひとつわかったことは、40年前の日本のゴルフファンのゴルフの知識はどれほどのものだったかという〝疑問〟だ。両ホールとも毎年テレビ放映があり、日本の他のどのコースよりもゴルファーの目に映っていたわけで、これはコース設計学上の知識というよりはテレビ放映上のポピュラリティとはいえまいか。40年前から考えると、日本のゴルフはいろいろな意味で格段の進歩を遂げている。外国選手がミスをすると拍手が起こるということがあって、当の岡本綾子が泣いて抗議する場面も思い出される。その後、ゴルフ場建設ブームがあって、一気に1000コース以上の新設がオープンした。だが、ほぼ同時にバブル経済の崩壊で、会員権はただの紙切れに、そしてゴルフ産業の大不況時代がしばらく続く。ただ、ゴルフ場会員権相場の下方安定で、アベレージゴルファーにとっては、ゴルフ倶楽部に入会することが手軽になった。選択肢が増え、しかも価格も、若いサラリーマンでも十分に手の届く範囲に収まる。明らかに日本のゴルファーのゴルフ知識は以前よりもずっと高くなっているし、特にゴルフコースを見る目はかなり専門的な高いレベルにまで上昇した。

「日本で一番のホームホールは……？」という40年前と同じ質問をしたら、どんなホールの名前が挙がってくるか楽しみでならない。

井上誠一は東京よみうりについて「私がそういうことを言うのはよくないですが…」と前置きし、「現在の18番は当初9番として設計したので、テレビ中継にはいいかもしれないが満足していない」とかつてのインタビューで語っている。バックティーから224Yの長いパー3で風向きによってはドライバーで届かないことも。

1977年の日本オープン。当時20歳のセベ・バレステロスが林からのリカバリーなど、攻めるゴルフで村上隆を振り切り優勝。日本のファンを魅了した。

レイアウトに見え隠れするコースの歴史

軽井沢72に存在するパー6

国内外を問わず、プロ、アマも含めた国際試合で、パー6のホールがあったことをご存じだろうか。実は2014年、何を隠そう日本の軽井沢で開催された男女世界アマチュアチーム選手権で、会場の軽井沢72押立コースの18番ホールが堂々と、パー6で登場している。開催国の日本が勝手に設定したわけではなく、IGF（国際ゴルフ連盟）が間違いなく承認しているから、立派な公式記録である。

押立コースは、軽井沢72がオープンする以前から存在していた南軽井沢GCの一部と、その後のゴルフ場用地の拡張に伴う追加造成したホールを、そのつどうまく調整して仕上げてあるから、アウト・イン各ホールの構成が少々変わっているところも見られ、営業上のご苦労もあるようだ。

アウトはパー5なしのパー3が3ホールで、結局パーは33。ただし、パー4ぎりぎりの長いホールがたくさんあるから、決してやさしいわけではない。インはパー3とパー5がおのおの2つのあと、18番ホールが一気に787ヤードのパー6でパー38。いってしまえば、大会前のコースセッティングの際、アウトにパー5がなくて苦労していたのを、最終ホールのパー6で一気に取り返したということに尽きる。この18番ホールはもともと、パー3とパー5が縦に連なっていたそうだが、改造が続いて数が合わなくなってしまったためか、超ロングとして苦し紛れに営業していたものを、IGFが遊び心を発揮して承認したものと思う。せっかくの遊び心なら、777ヤードではと思ったが、IGFのディレクターが最終決定したもので、ちなみにその前週に行われた女子のほうでは733ヤードとなっている。

もちろん、パー6だから4オン2パットの設定なのだが、当時まだアマチュアだったスペインのジョン・ラームやアメリカのブライソン・デシャンボーらは、第3打を8番や9番のショートアイアンで軽々と乗せていたものである。300ヤード、300ヤード、180ヤードという計算になるのだろうか。

改造に伴うレイアウト変更

コースのレイアウト、各ホールのつながりを見ると、そのコースがどんな歴史をたどってきたかが見えることがある。日本でゴルフが始まった1901年、六甲山の4

ホールは、現在の神戸GCの18番ホールのうちのどの4ホールなのだろう。2年後、正式にクラブとしてオープンしたときの9ホールは……。名古屋GC和合コース（愛知）は、29年のオープン後、そして、戦後の再開のときに何度もレイアウトが変わっているという。その証拠に、15番グリーンと16番ティー裏にパー3がそのまま残っているのをご存じだろうか。

霞ヶ関CC西コースも戦前と戦後では用地が変わって、8ホールがまったく新しい場所にレイアウトされた。おかげで戦前は1番をスタートすると18番まで帰って来なかったホール順が、戦後の改造では9番でハウスから300ヤード付近まで近寄り、93年に空き地を整理して10番スタートが現行のハウス脇に落ち着いた。大阪GCは全体の敷地が南海電車の淡輪駅から新しくできたみさき公園駅の方向へ数ホール分ずれていて、現行の1、2番は新しく追加したホールだとか。茨木CC東コースも1番ホールは現在の正面入り口からクラブハウスに向かって短いパー4だったそうで、現1番は当時の2番。西コースができる何十年も前の話である。いずれも戦後のゴルフ再開の時期をまたいでいるようで、当時の苦労が垣間見える。

軽井沢72東コース（押立）にある18番パー6。世界アマでは787Yだったが、現在はバックティーから742Y、フロントティーから698Yで営業している。残り400ヤードを示すヤーデージ杭はなかなかお目にかかれない。写真下の784ヤードはメディア視察会でのヤーデージ。このあとIGFの委員が計測して、試合では787ヤードとされた。

いまこそ知っておきたいコース改造の是非

管理費削減も改造の後押しに

　日本のゴルフコースで改造が始まったのは、おおよそ日本のゴルフ産業がピークだった1990年前後からで、当時、続々とオープンしていた新設のゴルフコースのほとんどがワングリーンシステムを採用していた。しかも、心配されていた洋芝のワングリーンが、四季を通じてよいコンディションを保てていたことが、評価の対象になっていたに違いない。

　暑さ対策によって改良を重ねた洋芝の登場。それに、アメリカから伝わってきたメンテナンスの普及とノウハウの向上が、それまで2倍の経費を払って維持していた2グリーンを、思い切ってゴルフコース本来のワングリーンに衣替えする決断のきっかけになったと思われる。グリーンを18面減らすことで管理費の削減に寄与できることは、ゴルフ産業の不況が続き、競争の激しくなったゴルフ場業界では決断を後押しする理由になったに違いない。

基本的にゴルフ場は、改造や改修等コースに関する情報を外部に伝えることにあまり積極的ではないような気がする。というよりも、その情報をどこに伝えたらいいのか、その相手がはっきりしないからともいえる。だから改造はいつの間にか終わり、メンバーの中にも気が付かない人は少なくないと聞く。外部のゴルファーにとっては、そのゴルフコースに特別の興味を持ち、なおかつ半年に一度くらいのペースでそのコースをプレーしていない限り、改造箇所に気付きようもない。

日本オープンでお披露目となった「新生」横浜CC

テレビ放映されるトーナメントを開催することは、そういう意味でコース改造工事を世間に示すお披露目といえるかもしれない。ただ、残念なことに放送する側も、欧米と違ってコースについての詳しいコメントにはあまり積極的に触れないし、近々の改造工事についても何も説明がないまま試合が始まってしまうことが多いように思う。2018年の日本オープン（横浜CC）だけは、最近には珍しく、ビル・クーアとベン・クレンショウでまったく新しく生まれ変わったコースに触れていたようだ。テーマがアーリーアメリカンだから以前のコースとは様変わりで、フェアウェイは広く、うねりも強い。グリーンもアンジュレーションが多く、ピン位置が限られる。

残念だったことは、春先からウワサされていた不安定な気候のためだったのか、グリーンが思ったほどのレベルまで仕上げられなかったので、グリーン面はあまりきれいには見えなかったこと。また、日本オープンの優勝争いのセットアップの基準が以前と変わってきているようで、コースの縛りが少々甘くなっていたようにみえた。この結果、優勝の14アンダーはまだしも、アンダーパーが26名というのは、我孫子GCの日本女子オープン（2017年）ほどではなかったにしろ、改造コースのお披露目としては、少々きつかった感がある。硬くて速いコンディションでの試合が見てみたい気がする。

一設計者として気になったのは、ハウスとコースとのつながりの部分で、ハウス前は大きく広がって眺望がよくなったのだが、ハウスのロケーションに対して、1番と10番のスタートティーの位置、そして9番と18番のグリーン位置がどのような関係になるのかが理解できなかった。日本オープンでは隣の東コースから2ホールを入れ替え、しかもアウトとインを入れ替えたことも、見ている者にはわかりづらかった。

コースの改造は、そのクラブにとっては大仕事で一大決断が必要と思われがちだが、決してそのようなことはなく、取り組み方次第。ワンホールずつ、じっくりと修正していけば、プレーヤーの邪魔にはならず、18年で完成する。ゴルフクラブにとっての18年間は、それほど長い時間ではないのだから。

コースを完全クローズし、2年かけて全面改造した横浜カントリークラブ西コース。日本オープン開催時の2018年は天候に恵まれなかった年で、芝生の付きが不順だったという。ビル・クーア＆クレンショウによるアーリーアメリカンなコース設計は、それまでのコースのイメージを一新させた。写真上は日本オープン最終日の様子、写真下は13番。ラフやグリーンの造成が海外のコースのよう。

COURSE TALKING ④

いいコースとは何か？を考える

日本の味、自然の味を生かしたいね

1904年北海道函館市生。早稲田大学仏文科卒業。推理作家として活躍する傍ら、出版社勤務。当時最もモダンといわれたメンズマガジン「新青年」編集長として活躍。以後『モダンゴルフ』『ボビー・ジョーンズのゴルフの基本』などゴルフライターとして著訳書多数。厚木国際CC、滝のCCを設計。01年逝去。

水谷　準

Mizutani Jun

手造りの味は捨てがたい

川田　水谷さんのお名前は対談をはじめる前から、文壇のゴルフやクラブ選手権で拝見していたんです。家族がそういう場所に出入りしていたものですから。その当時からコースというものに興味があって、勉強と称してはそっちのほうばかりやってまして（笑）。なんだか、あのころのほうが、選ぶ基準が少なかったというか、いいコースを選ぶということが比較的簡単だったような気がしますね。今のように多くなってしまうと……。

水谷　そうですね。多いし、それにプロのやるコースと、アマチュアのAクラスがやるコース、そしていわゆるダッファーのやるコースというものが違ってきてしまったという気がする。見方が違うわけです。昔はそんなものはありませんでしたから。バックティーから打てばプロ、フロントティーから打てばアマチュア……その程度しかわかりませんでした。今はそうじゃなくなってしまいましたね。

川田　昔の、というか、戦前からあるコースや戦後すぐに造られたコース、たとえば登戸（注・川崎国際CC）とか、那須などに限られると思うんですが、あのあたりのコースと、それから第1次、第2次のゴルフブームに造られたコースとの違いは、どこにあると思われますか。

水谷　やはり、まあ平凡なことだけど、手造りとブルドーザーで造ったのとでは、ちょっと違うってことですよ。だから、もし登戸を造ったときにブルドーザーなどがあったら、もう少しヘンなものができていたでしょうねぇ。幸いにして、モッコで造ったものだから、カドがとれていないんです。そのカドがそのまま、ひとつの味になっています。それがおもしろいと思うんだ。

川田　僕も最近、そういうことを強く感じますよ。ブルドーザーで造ると、1回ブーッとやってしまってそれで造れるんです。ところがゴルフってそういうものじゃないって気がして……。

水谷　本当だね。ブルドーザーなら、行って帰って来るだけ、つまり一回往復するだけで造れますよ。手造りだとそうはいかない。行ったり来たり、ジグザクに造る、だから風が違う。それが、行って帰って来るだけの今のコースですと、行きは追い風、帰りは向かい風というような、非常に単純なものになってしまいました。

川田　近代兵器ができたために、コース自体はおもしろくなくなってしまったんですね。

水谷　だから、僕が程ヶ谷なんかに行っても、「昔の程ヶ谷はよかったなあ」って感じになっちゃうわけです。どこがどう変わったと、すぐにはいえないんですがね。歩いていて、昔は自然にもとのところへ戻って来るという感じがあったものなんです。今のはただ行って帰ってくるだけ。ところどころに起伏があるだけという気がするんですよ。単純なんだな。

川田　そうですね。ただ土を動かして通り道を造ったようなコースも多いし、グリーンが2つあって、真んなかからティーイングラウンドを結んで折りたたむとぴったり合うような、これは日本のコースの悪いところのひとつでしょうが、そういうホールも多い。その辺に、日本のゴルフそのものの歴史がないというか、ヘンないい方ですが、そのことの弊害が出てきているような気がするんです。なんだか、ただプレーするだけのゴルフみたいでおもしろくない。

水谷　ええ。僕みたいな歳じゃもうデクノボウだから、あんまりおもしろいってこともなくて……。しかし、われわれが楽しめるところか少なすぎるとは思いますね。

川田　と、いいますと？

水谷　なんていうか、われわれだってもう少し楽しみたいんですよ、いろいろと。日本のコースは2オンなり3オンしていくつってことなんです。もっと楽しみながら行けるようなコースがあるべきだと思います。

我孫子は〝おでん〟の味がする

川田　つまりただ距離がどうだというものでなくて……。

水谷　ええ。その辺りを、たとえば赤星六郎さんなどは、ちゃんと心得て造っていますね。あの人が造ったものをみると、〝生け花〟のような発想があるのを感じるんです。どこか違う。それから大谷光明さんの造ったコースがおもしろいですね。東京ゴルフ倶楽部などヘタな人でも楽しめますし、川奈の大島コースだって地形なんかひどいんだけど、あれはあれで考えて造ってあるんです。うまい人にもヘタクソにもおもしろいんじゃないですか？

川田　そうですね。あそこは短いからといって決してやさしいわけじゃないコースですから。届くようで届かなかったり……。

水谷　右から行くか左から回り込むかでずいぶん違うしね。

川田　僕は、赤星六郎さんの場合に特におもしろいと感じることがあるんですよ。あの方は、プレーヤーとしてはとてつもないロングヒッターで大技師(おおわざし)だったと聞いていますす。その人がコース設計を勧められて、造った。そうしたら、相模や我孫子みたいな、非常に微妙なタッチを要求されるようなコースを造ったというのは、とてもおもしろいと思う。

水谷　そうですね。

川田　かえって、逆に井上誠一さんのように病気がちで小柄な人が、わりあいに雄大なコースを造っているんです。

赤星六郎設計のコース

我孫子ゴルフ倶楽部（千葉）
1929年設立　18Hole 6923Yards Par72

相模カンツリー倶楽部（神奈川）
1931年設立　18Holes　6639Yards Par72

赤星六郎（1901〜1944）

〝日本の球聖〞と呼ばれた赤星六郎は、初代日本オープンチャンピオン。プリンストン大学留学中に、パインハーストCCで開催されたスプリング・トーナメントで優勝。設計家として我孫子ゴルフ倶楽部と相模カンツリー倶楽部の関東の名門コースを残した。また設計途中の川奈ホテル富士コースのルーティン図が残っている。

水谷　ええ、ちょっと重苦しいのね。われわれがプレーして、重苦しいなぁ、と思って、造った人の名前を見ると井上誠一って書いてあるよ(笑)。知らずにやって、プレーのあとに見るとそうなんだ。不思議ですね。あの人には、一種の理想主義みたいなものがあったんじゃないでしょうか。自分がもし飛ばし屋だったらこれがいいんだってところで造っているんでしょう、きっと。赤星六郎さんの場合は自分ができるから、そのできるおもしろいものを造っていこうという自信があったんでしょうね。そういう気がします。たとえば、我孫子なんか、本当に、特にどうってことないんですが、味があるんですよ。おでんみたいな味、ちょっとヘンですけど、日本の味がします。

川田　ああ、そういう形容の仕方って、僕なんかには見当もつきませんよ。でも、そういわれると、あ、なるほどって気がする。

水谷　うん。絵描きで中川一政という人がいますが、あの味は日本だけのものでしょ。僕はね、これからああいうものがコースにも出てくるんじゃないかと思うんです。だから、『Choice』14号で夢のホールを造っている沢井徳三郎さんとか、そういった方が本気になって「よし、俺がひとつ日本独特のものを造ってやろう」と考えたとき、中川さんの絵みたいな味が出せるんじゃないかってね。それが何なのかといわれても、ちょっとうまくいえないんだけれど。

〝庭〟のイメージを生かしたい

川田　米国人がよくいうんです。日本のコースはお花畑みたいに綺麗で〝庭〟みたいな感じだって。その一方で、本当にいろんなところを回っている人たちは、逆に〝庭〟的なコースなんてとても少ないじゃないかという。

水谷　そうでしょうね。

川田　米国人にとって、日本人はガーデナーなんですよ。庭師なんです。特にカリフォルニアのあたりでは、自分の庭をいじってもらうのは絶対に日本人って決めている人たちが多いんです。だから、なぜ日本人はその部分を一所懸命にやらないんだってわけですよ。

水谷　そうかもしれませんねえ。

川田　向こうの雑誌では、よく夢のホールといって、ナイアガラの滝のこちら側から向こう側へ打つとかいう絵を載せるんですがね。その中で、日本のコースはたとえば〝フジヤマ・カントリークラブ〟という名前になっている。庭石があって、池があり、鳥居がある。向こうに富士山があって、そこからポンポンと渡って行くような絵でした。やはり、米国から日本を見ると、そういう庭の感覚があるんでしょうね。

水谷　ええ。ただ、残念ながらその悪い例というのは今の日本にもたくさんあります。

なんというか、あまりにも凝りすぎてしまって、お花畑があって、道をくぐらせてみたりね。どうもちょこちょこした感じで、スッと行かない。どうもアマチュアが造るとそうなりやすいみたいです。

川田　夢を追いすぎてしまうってことでしょう。

水谷　そう。それに、足りないものがあるんで、それを補おうという気持ちがでるんですね。本当は少しくらい間が抜けているほうがおもしろいんだけど、まとめるって観念がどうしても起きちゃう。

川田　それは、回数の問題もあるんじゃないですか。自分の意志を発表するチャンスがあればあるほど、そういうものが分散させられるかもしれない。それがひとつしかないと、やっぱりそこに集中してしまうでしょう。ところが、おもしろいことに、米国で批判のできないコースというのはみんな素人の設計なんです。ペブルビーチもそうだし、パインバレーもそうです。

水谷　まあ、はじめからあの形で造ったわけじゃないでしょうがね。相当改造してあるんでしょう。

川田　でも、やっぱりすごい。僕は先日も学生を連れてペブルビーチへ行ってきたんですが、あそこはいつ回ってみても本当に感動しますよ。あの地形で、たとえば僕に設計しろ、なんでもいいから造ってみろといわれても、果たしてできるものかなあと。

それがプロならばいざ知らず、その辺でチョロチョロやっていたアマチュアゴルファーが2、3カ月スコットランドへ行ってきただけで造ってしまったんですから。米国にはそういうコースが結構あります。

水谷　なるほどね。でも、僕が日本で感心するのは、プロの造ったコースなんだ。中村寅吉や安田幸吉の造ったものって本当に感動しますよ。酸いも甘いもちゃんと入れてある。他の専門家じゃそれはやらんでしょう。たとえば井上さんにしても、酸いも甘いもってことはやってないですよね。ところが寅吉や安田なんかは、ここのところはハンディの低いヤツ、ここはハンディの高いヤツにおもしろいって風にちゃんと使いわけているんです。アマチュアが造ったコースにはそれはない。酸いも甘いもなにも、入れるのがこわいんだよ。とにかく立派なものを造ろうとするんです。

やっぱりコースは推理小説だ

川田　以前にありましたが、日本中でベストホールを選んで、それを1から18まで並べたら、いいコースができるかっていうと全然違うという……。

水谷　全然違うね（笑）。各ホールの連絡がないってことは無意味なんですよ。

川田　昔のコースのすごいところのひとつは、各ホールのつながりがとてもいいってことだという気がします。今、規制の問題があるし、土地がないからしょうがないんでしょうが、たとえば2番というホールが終わって今度は3番になると、それはまったく別のホールなんですね。エレベーターのようなもので上ってしまうコースはもちろんですが、そうじゃないコースでも、一度回っただけで流れがわかるようなコースが全然ない。

水谷　そうですね。どういうんでしょう。

川田　その辺が一番さびしいんです。よく笑い話にしているんですよ。あのコースはどうだっていわれて、いや、あそこはティーからグリーンまで、つまり全長が6450ヤード。そしてグリーンからティーまで、つまり、ホールとホールの間を全部足すと3700ヤードだなんていってね。そういう雰囲気がある。

水谷　うん。どこへ行ってもだだっ広い。幅が100メートルもあるといって威張っていたりするね。

川田　ニクラス設計のミュアフィールドビレッジがありますが、あれもホールそのものは素晴しいってみんないうんです。ギャラリーが見えるようにマウンドをせり上げてあります。スタンド風のコンセプトを入れたのは、彼が初めてでしょうね。ところがそのために、次のティーへ行くのに大変遠くなってしまった。グリーンがあって、スタンド風のマウンドがあって、一旦その外側に出なきゃならないんですからね。各ホールのつながりがとても悪いんです。

水谷　日本のニュー・セントアンドリュースも、ちょっとそんな感じがするね。

川田　あ、やっぱりそう思いました？

水谷　うん。ひとつのホールを見ると非常におもしろいんだ。ただ、そのつながりが、なんとなくギクシャクしている。

川田　1番ホールなんて素晴しいけど、470以上もあって右が全部池というと、ビギナーというか、アベレージクラスはつらいですよ。セカンドはセカンドで、グリーン入口の左側はバンカーで右側が池でしょう。ということは、最初から、アベレージゴルファーは冒険しなきゃならない。またははじめから5番で打って2オンはあきらめろっていう……。

水谷　われわれは3オン主義だからそうこたえないけど、あれで、2オンしなきゃって思ったら本当に大変なことだよね。僕は、やっぱりコース造りは推理小説を作るのと同じだと思っているから。だからはじめから謎をポンと、置いたんじゃあとがもたないと思う。はじめの5ホールくらいのところに謎がひとつあって、それを解きかけながら、またインに入って謎が出る。で、最後にパッとひらけてくる……そういう推理小説の書き方みたいな、ゴルフのコースもあんな感じじゃないでしょうか。

川田　水谷さんご自身が探偵作家でいらっしゃるわけで……。そのあたりのところは、やはりコースを造られるときに意識しましたか。

水谷　僕はあまりたくさん造っているわけじゃないけど。今のコースは、パズルでしょ。パズルはただ解きゃいいんですよ、答えを。パズルじゃなくて、ハメ絵とでもいいましょうか、そのほうがいいと思うんです。それを探偵小説といってもいいけど、単なるパズルじゃなくて、紆余曲折があって、そのなかにポツポツと楽しみを置いといてもらいたい。そうすれば一冊読んだ感じ、堪能した感じが味わえるのにね。

川田　楽しみながら推理していく……。

水谷　楽しみ方っていうのはいろいろありますよね。そりゃうまい人はうまい人で、われわれとは違う楽しみ方があるでしょうし、ヘタにもヘタなりの楽しみ方があるでしょう。でも、ただやみくもにパーはどうのバーディがどうだのっていうんじゃ、日本のゴルフも長続きしないんじゃないかなぁ。

知らないことが多すぎる

川田　そういえば、この対談連載で、朝霞でラウンドされた方は水谷さんが初めてなんです。僕もぜひ見ておきたかったんですが、生まれる年代が違って不可能だったものですから（笑）。

水谷　僕は、回ったといっても、まだゴルフはじめたてのころでしたから、何ともいえないけど。ただ、サラゼンが来たときにそれを見物しまして、ああなるほど、こうやって打つものかっていうのがそれで初めてわかりました。サラゼンと陳清水と林万福と安田幸吉の４人が、フォアボールかなんかでやったんですよ。あそこはオール・ベントですよ、フェアウェイがね。大変なことでしょう。われわれはビギナーだったから、とてもベント芝の上でアイアンショットなんか打てやしない（笑）。

川田　ないものはよく聞こえるというところがあるのかもしれませんが、それにしても戦前にあったコースはみんな素晴しい。藤澤は藤澤で山のコースとして素晴しかったし……。

水谷　大佛次郎が藤澤のメンバーでしたから、月に一度くらいやっていましたよ。いいコースですね。クラブハウスもコースにマッチしていまして、いまどきのクラブハウスみたいなホテル風のではないんです。コテージというか、それよりはもう少し大きいけど、実にコースとマッチしているんだよ。

川田　最近できたコースは、土地の条件が悪いからデコボコの所や、ホールとホールの間が遠かったりするような所に造らざるを得ない。せめてクラブハウスだけはきちっとしたものを造ろう（笑）とか、豪華なもの、うちは他と違うぞってものを造る。

水谷　ちょうど、県庁がお城みたいな建物を造るような、あれと同じ感覚じゃないですかね（笑）。それに、日本人は風呂が好きだから、風呂場がなければダメでしょ。だんだん、ハウスの感覚も温泉みたいになってしまうんだね。だから大きくなっちゃう。シャワーでいいと思うのに、なんであんなに、頭に手ぬぐい乗せて唄でも歌わなきゃならないような風呂場を造るんだろうなあ。

川田　やっぱり、グリーンフィが高いから、そういうものでもなければ満足できないという（笑）。ところで、昔のアマチュア、たとえば水谷さんのお仲間の方たちなどのコースに対する認識って、いまと比べて……。

水谷　それはたいしたことないな。

川田　でも、味わい方が違ったろうし、層も違っていたでしょう。

水谷　僕は、仲間うちでやっていただけだから、よくわからないけどね。ただ、いまの女の人たちは、まるで男並みでやかましいでしょう。当時は女優さんたちともよく回ったんだけど、いまの人たちとはちょっと違っていましたね「空振りも数えるの？」なんてもんでした。「これも一打になるの」なんて聞く。だから「そうだよ。それも数えるんだよ」ってティーインググラウンドで教えてるの。いま、そんなことをしたら、みんなに笑われて、仲間はずれにされるね（笑）。

川田　そうですね。いまですと、後ろに3組ぐらい待っていたりするから。

水谷　どなられちゃうねえ。

川田　そういうところが違うんでしょうね。ダッファーにはダッファーなりの味わいというものがあった。一日に何十人という単位の入場者だから、ヘタでも邪魔になららないし。時間があって、後ろも詰まってないから、うまい人も、「こういうときはそういうものじゃないんだ」って教えてあげる時間がある。いまのゴルファーはマナーが悪いといわれていますが、そういった周りの条件ってものがずいぶんあるでしょうね。

水谷　それはあるでしょう。いまでも、関西などへ行けば、茶店で「どうぞお先に」といって、一杯やってる人たちがいるんですよ。東京のほうじゃそんなことはないでしょう。その点は、関西の人たちのほうがエライね。楽しみ方がこっちと違うんじゃないかな。

川田　中部地方のゴルフ場では、アウトからしかスタートさせないという話を聞きました。そういう意味では中部の人たちのほうがゴルフをきちんと守ろうとしているんじゃないかと。工夫なのかもしれないけれど……。

水谷　なるほど、そういうこともできるんですねぇ。僕は関西以南は知りませんが、同じ日本の中でも、関東と関西ではまるで違うんですよ。楽しみ方にしてもそうでしょうが、まず、土からしてまるで違う。質というか、固さというか、そういったものが全然違います。本当はそれをうんぬんしなければ、アイアンの使い方だってわからないわけですよね。だけど、それを誰もいわないでやってしまっているから、青木の打ち方がいいとか、いやそうでなくて戸田藤一郎の打ち方だとかってことが出てくるんでしょ。だけどそれは違うと思う。土の感触にしても、そこに生えている雑草にしても、日本と外国とでは違う。日本の中でも違うんだから……。でも、その違いなんか誰も説明してくれないんですよ。

川田　確かにそういうことは、英米の場合なんか非常に重要な問題になるし、また実際に味わえますね。カリフォルニアやオレゴンあたりではうっそうとした樹木がそびえていて、それがフロリダへいくとヤシになり水がある、それも沼地のようなのがやたらに多い。東部にいくと日本のコースみたいになってくる。

水谷　そうですね。だから向こうの人はわりあいそういったことを書いている人もいますよ。日本ではまだない。でも実際には土が違って、山の形が違ってってことがあるんですからねえ。吟味していくと、おそらく、北海道と東北と関東関西、九州とか五つくらいにわかれるんじゃないでしょうか。まだまだ、知りたいことはたくさんあるってことです。

（1984年『Choice』15号より引用）

CHAPTER

5

スゴい、コース設計
ものしり雑学

アメリカで話題の新作コース、原点回帰の傾向とは

全米オープン開催コース、チェンバーズベイの場合

毎年同じ場所で開催されるマスターズトーナメントでさえ、オーガスタナショナルGCは1934年の第1回大会以降、毎年のようにコースの改造を繰り返しているから、厳密にいうと同じ土俵とはいい切れない。ましてや、全米オープン、全英オープンのように毎年開催場所が変わる試合では、舞台の違いが強調されることで、真のチャンピオンが評価され、さらにその選手権の価値が高まることを主催団体はねらっているといってよい。

2015年の全米オープンは、シアトル郊外のチェンバーズベイで開催された。アメリカ大陸の北西部では初めて。しかも、まだオープンしてから10年そこそこ。元々は砂や砂利を採掘した跡地を、ロバート・トレント・ジョーンズJr.が造形して芝を植えた新コースで市営コースとして運営していた。もっともらしいクラブハウスはいま

だ建っていない。たくさんの初物づくしのなかでもいちばん目を引くのが、スコットランドやアイルランドも一目置くようなシーサイドリンクススタイルで、樹木は意図的に残した1本だけ。敷地全体を砂地のウェイストエリアがカバーし、その間をフェスキュー芝のフェアウェイが走る。本場でも見られないのは、敷地全体の高低差が50メートルはあり、それこそ30メートル以上のアップヒルやダウンヒルのホールが随所に出現することだ。これまでシーサイドのコースでの開催は、ペブルビーチやトーリーパインズ（カリフォルニア州）、シネコックヒルズがあったが、それらをはるかに上回るスケールと本場以上の本物感が売りであったように思う。結果、トップ2が最後まで競い合い、僅差でジョーダン・スピースがマスターズからのメジャー連勝を成し遂げたことで大きな話題になり、主催団体のUSGAにとってはねらいどおりの成果を得たと思っているに違いない。

アメリカ新作コースに流れる原点回帰の流れ

トーナメントに限らず、ゴルフコースも新規開発、再生、運営など、ほかとの違いがメインテーマになっているようで、シーサイドリンクススタイルを追いかけたチェンバーズベイの全米オープンは、この動きの一例にすぎない。

最近アメリカで話題になる新作は、この手のコースばかりで、ミシガン湖畔のウィッスリングストレイツ、オレゴン州太平洋岸のバンドンデューンズに、ネブラスカ州のサンドヒルズなどなど、人里離れた遠隔地がほとんど。やはり、新作ゆえに話題作りに主眼が置かれていることがはっきりわかる。アメリカには原点回帰というテーマがあり、本物への憧れが強い。アメリカのコースはうっそうと茂った樹木を売りにした歴史のあるインランドコースがランキングの上位を占めるが、それでも常に1位にランクされるのはパインバレーだから、おのずと砂地とブッシュの荒々しいコースが特別なものに見える。だから最近の話題作が、原点回帰のリンクス風の作風に偏ってくるのは、理解してあげなくてはいけないかもしれない。

ただ私見になるが、どうしてもスコットランドやアイルランドの自然のリンクスに比べると、こうした新作は人工のにおいがプンプンしてわざとらしい部分が気になってしかたがない。おそらくあと何十年という時間が必要なのかもしれない。

リンクスに限らず、ゴルフコースはどこまで造るか……が大切になってくる。設計家のテクニックをどこまで追求するか、あるいはどのレベルで止めるのか。やり過ぎも、やらなさ過ぎもいけない。やはりゴルフコースの良し悪しは、デザインバランスにあると私は思う。

2015年に全米オープンが開催されたチェンバーズベイ。かつて砂利の採石場だった郡立公園の跡地、3.8キロ平方メートルの敷地に造られたパブリックコース。当初から全米オープンの誘致を目的に、R.T.ジョーンズ.Jr.が設計したスコットランドのシーサイドリンクススタイル。コース内に樹木は15番のベイマツ1本のみで、あとは荒々しいブッシュが広がる。

Chambers Bay
チェンバーズベイ

アメリカ・ワシントン州
2007年設立
ロバート・トレント・ジョーンズ・Jr.設計
18Holes 7165Y Par72

用具の進化がもたらしたコースへの影響とは

飛距離はあくまで参考難易度で〝パー〟を設定

１９７０年代のルールブックには、〝パー〟を算定するための基準が書かれていた。パー３は２５０ヤードまで（女性は２１０ヤード）、パー４は２５１～４７０ヤードまで（女性は２１１～４００ヤード）、パー５は４７１ヤード以上（女性は４０１～５７５ヤード）で、女性については５７６ヤード以上がパー６という記述まであった。

スクラッチプレーヤーのティーショット飛距離を２５０ヤード、ＦＷを２２０ヤードと設定したうえで、各ホールを２パットで――これをパーと定めたものと思われる。

したがって、ゴルフコースを設計するときは、フェアウェイ中央の２５０ヤード地点をＩＰ（インターセクション・ポイント）と決め、その地点からグリーン中央までの距離で各ホールのパーを算定することが決まりとなっていた。

ただ、付則Ⅳの項の中で書かれていた〝パーの算定方法〟に関する記述は、あくまでも参考で、規則ではないということであろう。実例として、その頃のオーガスタナショナルの10番は485ヤードでパー4。このホールはティーからグリーンまで、おそらく30メートル以上の落差がある。一方、13番は465ヤードでパー5だった。シャープな左ドッグレッグで、フェアウェイ左コーナーはクリーク、その左側は深い林が続く。おまけに、このクリークはグリーンの手前を横切って右奥まで続いている。要は、パーの設定は距離ではなく、そのホールの造りと難易度によるものであるということだろう。

アスリートとアベレージで広がる飛距離の差

ところが、この記述が80年代になってルールブックから一斉に消えた。ボールサイズの統一、メタルウッドの出現、その金属の強度と軽量化が著しく改良され、さらに、糸巻きのボールがツーピースに替わり、エアロダイナミックを利用したディンプルの工夫で、ボールの飛距離が格段にアップしたことが理由として挙げられる。この間の各道具メーカーの努力はすさまじいものがあり、たったの数人の体制でルールを管理するR&AとUSGAとでは勝負にならなかった感がある。結果として、2020年PGAツアーのドライバー平均飛距離の数字を見てみると、第1位ブライソン・デシャンボーの322・1ヤードから始まって、年間平均300ヤードを超える選手は72

人、290ヤード以上となると150人を超える。これでは、250ヤード、470ヤードでのパーの算定はまったく意味がない。メーカーの研究はもっぱら、50m/s以上のヘッドスピードを誇るトップブレーヤーの飛距離の増大に集中していて、ヘッドスピードが速ければ速い程、効果が出る。一方、35m/s前後のアベレージプレーヤーの効果率はほとんど変わらないから、その飛距離の差はどんどん広がっている。そこで、いちばん困るのが、実はコースの設計なのである。

トッププレーヤーにとって、250ヤードでティーショットを待ち構えるフェアウェイ左右のバンカーは何の意味もなく、軽々と越えてしまう。一方、50ヤード手前のレギュラーティーから打つアベレージゴルファーは毎ホール、バンカーの心配をしなくてはならない。それでは、290ヤード辺りにバンカーを増設したら——今度はアベレージプレーヤーがレギュラーティーからでも全然届かない。PGAツアーをみていると、150ヤードは9番アイアン。それに比べて、ユーティリティーを取り出さざるを得ないアベレージでは、各ホールの難易度がまったく比較できない程変わってしまう。

コース設計者にとって、460ccのドライバーと飛ぶボールは、実は、すべてのレベルのプレーヤーに平等なコースを提供するうえで、大変難しい問題となっている。

PGAツアー主要選手 ドライビングディスタンス

名前	平均飛距離	国	ランキング
ブライソン・デシャンボー	329.2Y	アメリカ	1位
ローリー・マキロイ	322.7Y	北アイルランド	2位
ダスティン・ジョンソン	314.4Y	アメリカ	7位
アダム・スコット	312.1Y	オーストラリア	14位
セルヒオ・ガルシア	311.4Y	スペイン	16位T
バッバ・ワトソン	307.3Y	アメリカ	24位
ジョン・ラーム	307.2Y	スペイン	25位T
トミー・フィナウ	307.1Y	アメリカ	27位T
ブルックス・ケプカ	306.9Y	アメリカ	29位
ポール・ケーシー	306.2Y	イングランド	32位
ジェイソン・デイ	303.0Y	オーストラリア	53位
フィル・ミケルソン	302.9Y	アメリカ	54位
リッキー・ファウラー	302.0Y	アメリカ	60位T
ジャスティン・トーマス	299.2Y	アメリカ	90位
松山英樹	298.4Y	日本	96位T

ランキング1位

ランキング2位

PGAツアー主要選手たちのドライビングディスタンスと2021年1月25日時点でのランキング。平均飛距離約298Yの松山英樹でも、ランキングはぎりぎり100位以内。2001年のドライビングディスタンス第1位はジョン・デーリーの306.7Yで、300Y超えは彼ひとり。ちなみに2001年のタイガー・ウッズは平均飛距離297.6Yで3位タイ。

ゴルフコースの延伸で広がる「不公平感」

用具の進化とヤーデージの延伸

もう何度も述べているが、この20年間の用具の発達は目に余るもので、私はもう限界を超えてしまったと本気で思っている。

４６０ccという大きな体積のヘッドが、ボールをヒットする際のねじれをほぼ吸収してしまうため、インパクトで少々芯を外しても飛距離は落ちず、ボールはほとんど曲がらない。エアロダイナミクスと呼ばれる航空・宇宙工学の知識をふんだんに盛り込んだおかげで、ボールはロースピンでどこまでも飛んでいく。残念なことにこの現象は、ヘッドスピードの速い者に偏るようで、実は強者・弱者の不公平感はどんどん大きくなっているように思う。アベレージゴルファーというよりも、シニアや女性のような体力的な弱者と、プロや学生等のトップレベルでは、飛距離の差が限界を超えてしまったとつくづく感じる。

日本のゴルフ産業を支えてきた団塊の世代が後期高齢者になって飛距離が急落し、フロントティーよりゴールドティーがほしくてたまらない。

逆にトップレベルに目を移すと、世界中のツアーで、特に全米、全英、マスターズ、全米プロの4大メジャー各主催団体が毎年のように競って開催コースのヤーデージを延ばしていることはどういうことなのか、理解に苦しむ。なぜならば、この4団体のうち、全米オープンの全米ゴルフ協会（USGA）と全英オープンのR&Aは、協力してゴルフのルールと用具を取り仕切っている団体だからである。トップレベルが7500ヤードをターゲットにしているのに比べ、シニアやレディースは逆に5000ヤードがやっと。それこそ前のほうにティーをセットしていいスコアを出してもらい、「またのご来場」をねらっているのだから、その舞台を造る側のコース設計者にとっては、一つのコースを両者に合わせる難しさを考えると、やっかいな時代になったことをご理解いただけると思う。

飛距離とスコアの関係性とは？

例を挙げるとこういうことになる。トップレベルの7500ヤードに対するゴールドティーやレディースティーの5000ヤードは約3分の2。強者のティーショットが300ヤードでそのホールが450ヤードならば、残り150ヤードは9番アイアン。バックティーが450ヤードにセットされれば、その3分の2の300ヤードがゴールドやレディースティーとなる。ただ、このティーからプレーしたいゴルファーで200ヤードのティーショットを打てる者はほとんどいないとなれば、第2打は9番アイアンどころか、うかうかするとFWになりかねないから、強者・弱者の不公平感はとてつもない。

2019年PGAツアーのプレーオフシリーズの舞台になったシカゴのメダイナCCは過去、全米オープンを3度開催し、その優勝スコアは286、287、280で、平均70を切っていない程の難コース。それが、7613ヤードまで距離を延ばして迎えたにもかかわらず、2日目に松山英樹がコースレコードの63を出せば、翌日ジャスティン・トーマスが61を記録。最終日は、また松山が63。優勝はトーマスの25アンダー、松山は20アンダーで3位に入るほどの乱戦になった。上位入賞のアダム・スコットに、「私たちには距離の延長はスコアに影響しないから、いくら延ばしても平気だよ……」といわれ、主催団体はなんと答えるのだろう。

そろそろヤーデージの延長競争は終わりにしてほしい。そうすれば、強者・弱者の不公平感もこれ以上は進まないし、コース設計者も、もう少し落ち着いてコースをセットアップできるのではないかとつくづく考えてしまう。

全米オープンのコースとしてはやさしすぎるといわれたエリンヒルズ。リンクススタイルだが、2017年の開催時は風がなかったため大会史上最多31人がアンダーパーを出した。マイケル・ハードザン、ダナ・フライ、ロン・ウィッテンの共作で造られたパブリック。

エリンヒルズ 18H・Par72 ヤーデージ	
ブラックティー	7731Y
ブルーティー	7147Y
グリーンティー	6742Y
ホワイトティー	6206Y
ゴールドティー	5082Y

2006年開場のエリンヒルズはパブリック。様々なプレーヤーが楽しめるよう5つのティーがあり、最長のブラックティーは7700Y超だが、ゴールドティーは約5000Yに設定されている。

〝コースを様変わりさせる〝コンポジット〟設計

世界的に有名なコンポジットコース

１９７７年の日本オープン開催が決まった習志野ＣＣのある役員が訪ねてきて、どうしたらいいか困っていると相談された。毎年９月に行われているサントリーオープン（当時）で22アンダーが出て、そんなスコアが日本オープンで出たらそれこそＪＧＡ（日本ゴルフ協会）に合わせる顔がないとの由。「いい方法がありますよ」といって、キングとクイーンの両コースから必要な18ホールを選ぶ〝コンポジットコース〟を勧めた。この場合は長くて難しく、22アンダーが出ないようなレイアウトを探しているのだからパー５を中心に組み立て、パー71でセットした。そのおかげか、優勝はセベ・バレステロスで２８４のパープレー。村上隆、青木功が２位、３位と続いて事なきを得た。

コンポジットコースというと、すぐさまロイヤルメルボルンＧＣ（オーストラリア）と、ザ・カントリークラブ（マサチューセッツ州）を思い出す。両者ともあまりにも有名で、ロイヤルメルボルンGCはアリスター・マッケンジーの代表作といわれる西コースと、パートナーとして選ばれたアレックス・ラッセル（１９２４年オーストラリアンオープン・チャンピオン）がマッケンジー帰国後に完成させた東コースの中から、道路の手前側の6ホールを選んで臨時の18ホールができ上がった。59年のカナダカップの開催に合わせて、もっぱらギャラリー整理が目的だったようだが、この組み合わせが評判となり、それ以降、世界のゴルフコース・ベスト10から外れたことがない。ロイヤルメルボルンGCは常にコンポジットコースとして認識されていて、3度目のプレジデンツカップも同じレイアウトで行われた。

ザ・カントリークラブはUSGAが１８９４年に創設されたときの、5つのチャーターメンバー倶楽部であるばかりでなく、ボストンの知識層のためのスポーツ施設として60年頃から存在していたらしく、初期のコースは競馬のトラックやポロのグラウンドが同居していた。１９１３年の全米オープンで20歳のアマチュア、フランシス・ウィメットが英国のハリー・バードン、テッド・レイの二大巨頭を破って優勝した際、全米にゴルフブームを巻き起こしたことは特に有名だが、その後27年に9ホールが追加されて27ホールになった。主目的は女性、子どもとビギナー用。ただし、このなかからパー4ホールと、池越えのパー3を縦に合わせて４７０ヤードの難コースをでっち上げ、これをコンポジットの11番ホールとしてコースの難易度を稼いだ。久しぶりに全米オープンが帰ってくるが、２０２２年の大会に向けて、コースにどんな工夫を施すのかが楽しみである。

大胆な変更によって大成功を収めた全英

２０１９年、68年ぶりに全英オープンの会場となったロイヤルポートラッシュGC（北アイルランド）も工夫が見られた。５２０ヤードと４８５ヤード、ともに平らで折り返す位置にある従来の17番と18番のパー５はもともと〝風ホール〟とされていたが、これはきっぱりと切り捨てられ、その広いエリアを利用してギャラリー広場、食堂街、ショップ村に格下げされた。ハウスの近くにある16番がホームホールとなり、その代わり6番ホールのあとに、隣接するバレーコースの方向に新しい7番パー５と、折り返して次の旧7番ティーまで戻る新8番パー4を造って、これが大会の大成功につながったといわれた。なぜならば、旧17、18番と新7、８番を比べるとホールの質が比較できないほどその格差が大きかったからである。実は、全英オープンが終わったあと、コースがどうなっているかは聞いていない。旧17、18番を元のローテに戻して復活させているのか、それとも捨てられたままなのか。興味深い。

コンポジットコースの代名詞、ロイヤルメルボルンGC。1891年に創設され、1926年に英国からアリスター・マッケンジーを招へいし西コースが造られた。マッケンジーは地元のプロゴルファーで全豪チャンピオンのアレックス・ラッセルをビジネスパートナーにし、東コースを完成させた。東西の36ホールから、西の12ホール、東の6ホールでコンポジットコースとしている。

2019年ロイヤルポートラッシュでの全英オープンの様子。北アイルランドで世界的なスポーツの大会が行われることは非常にまれで、観戦チケットは1年前より完売。北アイルランド史上最高観客数を動員した。

ゲームの山場は17番にある。オーガスタの16番は少し早すぎるね
――ピート・ダイ

「ゴルフに恐怖を持ち込んだ」や「悪魔の設計家」とも呼ばれるピート・ダイ（1925～2020年）。浮島グリーンに代表される独特のコースデザイン。たびたび来日してコース設計にたずさわり、きみさらずGLや、軽井沢72東、美浦GC、ゴールデンバレーGCなど造った。

ピート・ダイがデザインした〝スタジアムコース〟、TPCソーグラス。写真は2014年のプレーヤーズ選手権。TV中継は〝見るゴルフ〟をつくり、スタジアムコースは〝観戦するゴルフ〟を生み出した。

１９８７年２月23日の月曜日、私はカリフォルニア州のＰＧＡウェストスタジアムコースにいた。同コースを設計したピート・ダイと設計論を戦わせながらラウンドするためである。

その日は黄色い砂ぼこりの舞う強風で、チックで整髪した髪に黄色い砂がべっとりとついたことを思い出す。ダイとラウンドする仕儀にいたったのは前年、日本で会い、ダイの設計の特徴であるスタジアムコースとアイランドグリーンについて意見を交わした後、現地で落ち合う約束をしたのだった。私は日本テレビのＬＡオープンの解説を終え、２時間半、クルマを飛ばして彼の地へたどりついた。

ハンディキャップ３の強者、ダイはアゲンストをものともせず、３番アイアンの低いドローボールを多用した。ダイの設計の特徴であるスタジアムコースについて、アイランドグリーンについて、ラウンドしながら語り合ったことを思い出す限り筆を進めたい。

Round Talking

川田　聞くところによると初のスタジアムコース、ＴＰＣソーグラスでは18番グリーンを囲むスタジアムを造る土が必要なために巨大な池を掘り、その土を盛ったということですが、日本のコースは半分以上が、自然にスタジアムになったコースばかりですよ。

ダイ　その通り！　日本はコースの大半が山岳地でゴルフ場適地が少ないと聞いていたが、それはまったくの誤解だった。ヒリーな地形は私が目指すコース、コンセプトにぴったりだった。ゴルフコースはコンター（等高線、起伏）こそ生命だからね。無理やりスタジアムコースを目指さなくても、日本ならどこで造っても自然にスタジアムコースになるじゃないか。

川田　コンターが自然に残っているコースなら、川奈と鳴尾をぜひ見てもらいたいですね。（と推挙したのだが、翌年には米国ゴルフダイジェスト誌の世界ゴルフコースベスト100位のなかにその2コースが入っていたことには驚いた）

スタジアムコースの嚆矢としてはむろんTPCソーグラスですが、その次に出来た、ここ、PGAウェストもアイランドグリーンが特徴です。なぜこういったオール・オア・ナッシングの劇場型グリーンを造ったのですか？

ダイ　PGAウェストの時はクライアントからの注文に応えたのです。その注文とは東海岸にあるパインバレー以上の難コースを西海岸側にも造ってくれとのことでした。それに枕木を池やクリークに使い、スコットランドのリンクスを思わせるオールドスコッテッシュな精神に、モダンアートのような設計思想で造りました。

川田　私はあなたの故郷オハイオ州コロンバスに最初に造ったザ・ゴルフクラブのメ

ンバーです。枕木を使ったホールはありますが、オーソドックスで飽きのこないコースです。かといって、スタジアムコースが飽きがくるとはいっていませんが（笑）。

ダイ　エキセントリックすぎますか？　ただ私はカラーの違うものに挑戦するのが好きなんですよ。

川田　アイランドグリーンの話に戻りますが、ソーグラスもウェストも日本の真里谷（現・きみさらずGL）もパー3は17番です。これは何か理由があるのですか？

ダイ　プロのトーナメントにしても、倶楽部の試合にしても、ゲームの山場とかクライマックスは終わりの2ホールぐらいに来るべきだというのが私の信念なんですよ。その点、オーガスタは16番と早すぎます。ウォーターホールの山場をつくったというわけです。マッチプレーなら最高の舞台になるはずです。

川田　それは私も同感しますね。そのパー3の距離ですが、ソーグラスは133ヤードとこれくらいが最適と思うのですが。ウェストの165ヤード、真里谷の183ヤードは長すぎます。日本アマで6度のチャンピオンになった中部銀次郎氏と一緒にラウンドしたことがあるのですが、彼は3度池に入れて怒って帰りましたよ（笑）

その後、ピタリと長い距離のアイルランドグリーンは造られなかったから、私の助言を聞いてくれたのかもと思う。そのことを確かめる機会はなかったが……。

Epilogue

ピート・ダイの過激さは一世を風靡したが、私の嗜好からは少し遠くなっている気がしている。好きなのは誰か？　と聞かれれば、アメリカンクラシックのチャールズ・B・マグドナルド（シネコックヒルズ）、A・W・ティリングハスト（ウィングドフット）、アリスター・マッケンジー（オーガスタナショナル）らの名前を挙げることにやぶさかではない。しかし、彼らがすべて完璧なコースを設計したかというと、話は別だろう。万人が満足するコースなど存在しない。

彼らが設計したコースをそのまま日本で造っても奇異なだけである。日本の風土、地形、気候、ロケーションに調和していなければ名コースとはいえない。

私がコース設計する上でいつも頭にあるのはベン・ホーガンの「言葉」だ。ホーガンは自身の体験から名ホールを1番から18番まで挙げて18ホールを〝造り〟、著書で紹介していることは本書でも書いた。1番はメリオン、2番サイオト、12番オーガスタナショナル、18番がペブルビーチという具合に、いずれ劣らぬ名ホールが並ぶ。しかし、ホーガンは「これは名ホールであっても、名コースではない」と断言している。

ここから学ぶことは、要するにコース設計はホールの流れのバランスの問題ということになる。名コースには必ず印象の薄いホールがある。オーガスタでいえば、7番、

17番。しかし、これが18ホールのバランスを保つ〝つなぎ〟といわれる大事なホールなのである。1番から18番まで息をつかせないホールばかりでは、バランスのよい緩急のある流れがつくれないというわけだ。

そしてコースは生き物ということも述べた。年月とともに樹木は成長し、ハザードの位置なども改良が必要になる。ただしそれは「?」がつく場合もあろう。私も会員である米国のコースに手が入った。以前から問題になっていたホールだが、改修されたからと行ってみると、私の目にはそのコースのナチュラルという流れのバランスを欠いているようにみえた。この意見に賛同した会員は多くいた。コースを維持するためのメンテナンスも重要。つまり完璧ではないが完璧を求めて歴史を重ねていくことが求められる。エバーオンワード（限りなき前進）という言葉が、私の胸に響く。

２０２１年　春

川田太三 *Taizo Kawata*
ゴルフコース設計家、
日本ゴルフコース設計者協会理事長。
1944年、東京都生まれ。
米・オハイオ州立大学留学後、立教大学卒。
日本アマ、日本オープンなどに出場。
80年より日本ゴルフ協会の各種委員のほか、
世界アマ、アジア大会等の団長、監督を歴任。
全英オープン、全米オープンレフェリー。
元JOC委員、R&A、パインバレーGC会員。
これまで設計・監修したコースは22、改造は25に上る。
Choice誌『日本のベスト100コース』創設メンバー。
米国ゴルフダイジェスト誌、
『世界のベスト100コース』選定委員。

Choice選書
スゴい! ゴルフコース品定め。

2021年2月28日　初 版発行
2021年5月 2日　第2刷発行

著者　川田太三
発行者　木村玄一
発行所　ゴルフダイジェスト社
〒105-8670東京都港区新橋6-18-5
TEL 03-3432-4411（代表）03-3431-3060（販売部）
e-mail gbook@golf-digest.co.jp

組　版　スタジオパトリ
印　刷　大日本印刷株式会社

定価はカバーに表記してあります。乱丁、落丁の本がございましたら、
小社販売部までお送りください。送料小社負担でお取り替えいたします。

ISBN978-4-7728-4191-7 C2075